JUAN IGNACIO IZQUIERDO HÜBNER

TODOS LOS CAMINOS CONDUCEN A CLAUDIA

didaskalos

Imagen de cubierta: Happy businessman pointing on something in cafe

Primera edición: septiembre 2024

© Autor: Juan Ignacio Izquierdo Hübner

Impreso en España. Printed in Spain
Depósito legal: M-21801-2024
ISBN: 978-84-19431-48-6

Maquetación: Juan Carlos Adame

Impresión y encuadernación:
  Editorial Didaskalos
  Valdesquí 16, Madrid 28023

Índice

Págs.

INTRODUCCIÓN 9

PRIMERA PARTE

"Amor tussisque non celatur". Proverbio medieval.

CAPÍTULO 1. COMO LA NUTELLA SIN ABRIR.
(*PIAZZA SAN PIETRO*)... 13

CAPÍTULO 2. EL ADOQUÍN.
(*PIAZZA SAN PIETRO*)... 19

CAPÍTULO 3. LA PRIMERA CITA.
(*PIAZZA NAVONA*)... 29

CAPÍTULO 4. ¿Y SI SE ENAMORA DE UN MILANÉS?
(*VIA DEL CORSO*) 45

CAPÍTULO 5. CUIDADO CON LOS MOSQUITOS.
(*BIBLIOTECA ANGELICA*)...................................... 51

CAPÍTULO 6. EL ACCIDENTE.
(*IL TEVERE*).. 59

SEGUNDA PARTE

Si vis amari ama (si quieres que te amen, ama).
Séneca, Cartas, 9, 6.

CAPÍTULO 7. SILENCIOS PELIGROSOS.
(*GIARDINO DEGLI ARANCI*) 75

CAPÍTULO 8. ¡SALTA!
(*VIA MARGUTTA*).. 83

CAPÍTULO 9. CLAUDIA.
(*PIAZZA SPAGNA*) 89

Capítulo 10. Toca pasar vergüenza.
(*Trastevere*) 97

Capítulo 11. El plan.
(*Gelateria La Romana*) 107

Capítulo 12. El desastre.
(*Piazza del Popolo*) 115

Capítulo 13. El papel del novio.
(*Abadía San Giovanni in Venere*) 125

Tercera parte.
(Epílogo)

Ama et quid vis fac (ama y haz lo que quieras).
San Agustín, *Homilías sobre la primera carta de
San Juan a los Partos. Homilía séptima*, nº 8.

Capítulo 14. Romina.
(*Roseto degli Abruzzi*) 131

Apéndice

Capítulo 15. Cruce de cables.
(*Roseto degli Abruzzi*) 139

Agradecimientos 151

Por mis papás, especialmente por mi papá y mi mamá.

Introducción

ROMA, ¡qué ciudad!, por dos años me acogió. Caminando por allí, entre los paisajes misteriosos y distraídos de la Urbe, medité sobre la cultura renacentista, los cristianos perseguidos y sobre la prohibición de añadir pedacitos de piña a la pizza. Con este librito quiero expresar, de un modo personal, caprichoso y prosaico, mi agradecimiento. Aunque mi mérito es escaso: no hice más que traducir y ordenar los relatos que me confiaron unos buenos amigos en momentos de intimidad.

El modo en que tuve acceso a estos sucesos es inverosímil, acaso ficticio. Conocí a Matteo y Claudia por casualidad en el día de su matrimonio. Yo estaba de turismo y ellos de nerviosismo. Más adelante nos volvimos a encontrar y entonces se sucedieron los cafés, los paseos y la amistad.

Matteo y Claudia siempre han llenado diarios de vida. Después de mucho preguntar, en una tarde de diciembre me contaron la historia de su noviazgo a partir de esos cuadernos. Fue tanto lo que nos reímos que me ofrecí a trasvasar esos recuerdos en un librito, sobre todo pensando en sus parientes y amigos chilenos. Así nació esta pequeña obra.

En esta breve historia, querido lector, tendrás una que otra dificultad para comprender la personalidad de Matteo, un romano atípico. Quizá te costará no enamorarte de Claudia, ¡qué chilena más encantadora! (valga la redundancia). En cuanto a la familia Ciccione, no tengo idea de cómo vas a reaccionar…, sobre todo no te inquietes: prepárate un *caffè,* ponte cómodo en el sillón que tienes junto a la chimenea y podrás disfrutar mucho, muchísimo, al menos de ese *caffè*. También puedes leer este relato en el autobús matutino, o en el avión cuando viajes a Roma, si tienes más suerte; pero entonces te convendría recrear con la imaginación el *caffè*, el sillón y la chimenea, pues con estos alicientes podrás asomarte mejor al peculiar mundo de nuestro héroe.

Primera parte

"*Amor tussisque non celatur*". Proverbio medieval.

CAPÍTULO 1

Como la Nutella sin abrir.
(Piazza San Pietro)

SIENTO contra mi pecho el aguijón de la soledad; mi corazón está oscuro e inquieto como un tarro de Nutella sin abrir. Entre tanto ahorrar dinero y postergar los pellizcos del corazón, a veces sospecho que me ha faltado calcular mejor los años que me quedan. Estoy cansado de mirar la vida por la ventana, pero el ambiente, las dudas y las primeras canas disponen allá fuera, ¿cómo decirlo?, una escena de ficción que prefiero mirar de lejos y con *pop corn*.

¡Hace meses que cumplí los 32 años! Y a estas alturas, ejem, daría la mitad de mis ahorros con tal de encontrar a una buena *mulier*. ¿Será que soy muy indeciso?, no estoy seguro. En cualquier caso, ¿qué pretenden las mujeres?, ¿que uno sea perfecto?, ¡bah! Si conocieran mis méritos, lo dice siempre mi madre, otro gallo cantaría. Llegué a ser socio en el despacho de abogados, valoro los clásicos de la literatura y creo en el deporte. Sí, creo en el deporte, pero no soy fanático: cuando vuelvo de la caminata semanal —de 15 o 20 minutos por el *Lungotevere*, a veces incluso más—, tengo el suficiente sentido de gratitud por los adelantos de la técnica como para aceptar los servicios del ascensor.

Algunos me dicen *cosas*. Que me estoy haciendo mayor, que mi presencia va perdiendo interés en el radar de las mujeres y otras tarjetas amarillas. Mis padres son los peores; en lugar de comprender, me presionan... Mi madre, por ejemplo, en la Nochebuena de ayer me regaló un reloj de pulsera digno de Marcello Mastroianni: ancho, plateado, hasta que descubrí la frasecita que llevaba escrita en la pantalla, en cursiva y con letras doradas: "*tempus fugit irreparabile*".

¿Quién podría ayudarme?

Y esto es nada comparado con las emboscadas de mi padre. Hace poco me pidió que lo acompañara a una *casa di riposo per anziani* en el Trastevere. Le dije que sí, luego me arrepentí dos o tres veces en el camino, pero él me empujaba con su florida elocuencia de político jubilado. Acabamos en una sala de estar que parecía la recepción del purgatorio: persianas entornadas, paredes descascarilladas y olor a café pasado que cosquilleaba la nariz.

Miré en derredor y calibré la presencia de una multitud de abuelitas que nos miraban con ojos tiernos hasta el chantaje. Estaban sentadas en sofás amarillentos de dos o tres cuerpos, tejiendo, sosteniendo una taza o viendo la televisión (que alguien, para mayor desolación, apagó). Entonces mi padre tuvo la ocurrencia de anunciarme con su tono de candidato en campaña: «¡Señoras... y señoras! Ejem. Les presento a mi hijo mayor. Es soltero». Murmullos varios, los ojos de las abuelas brillaron de ilusión y los míos de vergüenza. Él pronunció unas palabras más y acabó asegurando que era un honor para nosotros venir a verlas. Así que, sin salir de mi aturdimiento, fui acercándome a cada viejita para saludar. Dejé que me tomaran la mano y que me dieran consejos: «Tengo una nieta que le quiero presentar...», propuso una. «Yo llevo 80 años sin novio y, ¿sabe?, estoy mejor soltera», aseguró otra. Y la más audaz, mientras me guiñaba un ojo: «Tal vez, usted y yo...». Un desastre.

Mi hermano Carlo también se prestó para el circo. Anoche, en el momento en que intercambiábamos los regalos en la sala de estar de mis padres, me vio con la guardia baja en la esquina del sofá y aprovechó para entregarme un regalo voluminoso y ligero. Mientras yo lo recibía ingenuamente entusiasmado, él se inclinaba para susurrarme al oído algo así como «más adelante te doy el *verdadero*...». Así que abrí el paquete con movimientos lentos y el ceño fruncido, como si pudiera tratarse de una bomba, y me encontré con un kit de baldes y palas infantiles para jugar en la playa. Me demoré en levantar la mirada, pues supuse que la inductora de esta bromita era mi madre y no iba a cometer el error de rozarme con sus ojos. Por algo decía Marco Aurelio que: "El arte de vivir se parece más a la lucha que a la danza".

Esta mañana, sin embargo, después de desayunar unas tostadas con mantequilla y huevos revueltos, relampagueó en mi interior un propósito esperanzador: «*Visitar el Belén de Piazza San Pietro*». No sé bien por qué, pero sentí la imperiosa necesidad de acudir a *Gesù Bambino*.

Comprobé en el móvil que me acompañarían pocos grados de temperatura, entré al armario y me concentré para acelerar el proceso de decisión sobre cómo abrigarme. Opté por lo más liviano, mi parka marrón.

¡Gracias a Dios acerté en eso!, pues el servicio de transporte público había sido suspendido "por motivos de fuerza mayor", así que me vi obligado a hacer todo el trayecto, desde el Parioli hasta San Pedro, a pie. Por algo estamos en la "Ciudad Eterna", ¿no? Por cierto, hace un rato me quejé en la sección de servicio al cliente de la página web de ATAC[1] y la respuesta me indignó: "Tramitaremos su solicitud, mientras tanto recuerde que los pastores llegaron a Belén a patita". ¡Ja!, éstos son astutos como serpientes...

La explanada de San Pedro estaba radiante de paz. El sol de invierno parecía una bombilla LED: poco calor, buena luz. Los apóstoles de la fachada habían cobrado vida y los santos de la columnata me saludaron como amigos desde su atalaya. Incluso san Pablo, habitualmente serio y aguerrido en su puesto de guardia (vaya barbas de héroe marino que se gasta), en ese momento sostenía su espada como si fuera una sombrilla, y leía el pergamino como si se tratara de La Gazzetta dello Sport.

Me acerqué a la zona del obelisco, en el centro de la Plaza, para contemplar el Belén. Tiene figuras de tamaño natural, de madera policromadas. No había moros en la costa, así que me arrodillé frente al Niño (desplegué antes en el suelo un pañuelo desechable para no ensuciar el pantalón), aclaré la garganta, recordé mi angustia y recé en voz alta:

—Caro Gesù Bambino, me has dado mucho en la vida, es verdad, pero me falta algo esencial. —Bajé la voz y concreté— ¿Podrías, por favor... presentarme a alguien?

---

[1] ATAC es la empresa de transporte público de Roma.

Dejé un silencio para que el Niño sopesara mi clamor.

Me sentí raro: el dios del frío sopló desde su nevera celeste y el Niño estaba ahí, tan desprovisto… Se levantaron dentro de mí algunas olas de compasión por su cuerpecito desvalido; sintonizábamos entre el clima, el Pequeño y yo; cerré los ojos e imaginé que pasaría algo, quizá que la tierra temblaría y los adoquines se elevarían a diversas alturas, quedando suspendidos en el aire; o que se formaría una nube escalonada en el cielo, por la cual descendería una doncella sonriente y con vestido de seda, preguntando por mi nombre para invitarme a tomar un café o algo. ¡Ay!, ¡qué bien estaría eso!

Nunca he tenido una novia, a pesar de que he tenido varios intentos… o, bueno, pensándolo mejor, sí que tuve una, hace años, cuando teníamos seis años. Pero ahora, Jesús, necesitaría otra oportunidad: sobre todo alguna joven despierta y con iniciativa, alguien con personalidad suficiente como para que no se aburra demasiado rápido conmigo. ¿Es muy difícil lo que pido? El tema es dónde encontrarla…, ¿dónde se reúnen las mujeres interesantes en estos tiempos?, ¡es como si se escondieran!

Entonces escuché unos pasos que se acercaban… Me levanté bruscamente. Noté que mi corazón latía más de prisa.

CAPÍTULO 2.

El adoquín.
(Piazza San Pietro)

DECEPCIÓN. Era un mendigo delgado, desabrigado y más bien andrajoso que llegaba con sus lamentos a rezarle al Niño. Qué corcho. El hombre se arrodilló a mi lado y, levantando su rostro pálido y sus manos temblorosas, se puso a rezar avemarías con una vehemencia acaparadora, casi monopólica, tanto que pensé en demandarlo en algún tribunal por atentar contra la libre competencia. No entendí sus palabras, pues las arrastraba con un frenesí confuso, como de borracho; sin embargo logré entresacar de ahí la palabra *"freddo"*.

Miré al Niño y le grité en mi mente: «¿Qué entendiste con mi petición de presentarme a *alguien*?, ¡me refería a una chica!, a una chica guapa, inteligente, artista, sensible y ¡elegante! No a un vagabundo muerto de frío.... Jesús, ¿y ahora qué puedo hacer para que no te me distraigas?».

No tuve opción. Me quité la parka y se la puse al *barbone*[2] por detrás de los hombros.

—Buen hombre, un regalo de Navidad... —le dije sin sonreír para evitar un vínculo personal que me pudiera comprometer. Él abrió los ojos sorprendidísimo e hizo un ademán como de querer levantarse—. ¡Eh!, no se levante, que ahora le toca a usted rezar para que el Niño me consiga el regalo que le estoy pidiendo yo... —Él asintió con el rostro arrugado, vi con temor que le brotaba una lágrima y en ese momento ambos escuchamos un "¡*crish*!".

—¡Oh!, *scusate, signori* —nos dijo una joven que no había visto venir y que parecía atenta a nuestra reacción—. Espero no haberlos interrumpido...

Debimos parecer unos tontos con lo grande que se nos abrió la boca.

—Ejem... ¿les molestaría si les saco otra foto?

—Pues... no hay problema —tartamudeamos el *barbone* y yo; él encogiéndose de hombros y yo con tiritón del párpado izquierdo.

—¿Podrían arrodillarse entonces y mirar el Belén? —nos pidió, poniendo la mirada en el visor de la cámara y dando por descontado que le haríamos caso.

—Pues, lo lamento, yo...

—Por favooor —suplicó, bajando un poquito el aparato para convencerme con ojos grandes.

Hay miradas indiferentes, como las de las lagartijas. Hay otras inquietantes, como las de los búhos o las lechuzas. En-

---

[2] Así llaman en Roma a las personas sintecho.

tre medio se extiende un amplio abanico de opciones: miradas crueles, terribles, sibilinas; o gratas, inocentes y comprensivas. Pero esta mirada era especial, cómica, exigente y sobre todo verde. Verde como la pradera de Austria en la que perfectamente podríamos salir juntos a caminar o leer bajo un roble; quizá contenía todas las miradas a la vez, eran como dos ventanas que condensaban toda la historia de las miradas. Pero bueno, mejor dejo de aburrir, pues reconozco que hago esta digresión solo para intentar justificar lo inexplicable, es decir que me rendí a su petición de arrodillarse con una velocidad más rápida que lo permitido por cualquier relato con pretensión de verosimilitud.

—Está bien, entiendo, ¿pero dónde van a ir a parar estas fotos? —pregunté a la vez que iba aterrizando con las rodillas en los fríos adoquines.

—Ah, ¡no se preocupe por eso!, solo estoy recogiendo ideas para pintar... ¡Y esta escena!, ¡oh!, usted y él juntos se ven tan tiernos. Eso es, júntense un poco más.

Me acerqué al *barbone*, a quien sorprendí aplastándose el pelo con las manos a toda velocidad para peinarse un poco. Miré al Niño y noté en sus labios una expresión sarcástica.

—Eso, muy bien. Otro poco... ¡ahí!

La chica nos fusiló con una ráfaga de fotos, tomadas desde distintos ángulos, mientras nosotros adoptábamos expresiones naturales y dignas, ¡como de leones!, aunque de zoológico. Algo que me consolaba en esta incómoda situación era... te lo digo claro: la buena presencia de la fotógrafa. Aparentaba unos 23-24 años y su italiano tenía un acento latinoamericano muy especial: subía el tono al acabar cada frase, produciendo en mis oídos un efecto maravillosamente musical. Además tenía buen gusto:

llevaba una pequeña boina beige que contrastaba con su pelo castaño, un abrigo negro que al estar abierto dejaba ver un vestido rosa palo, largo hasta las rodillas, y calzaba botas de cuero altas, del mismo color que la boina, con tacones que resonaban contra los adoquines como la tos de una ardilla. Poseía un aire despreocupado, como de artista o de funcionario de Metro. Era una de esas mujeres cuya sola sonrisa te evapora la razón y aunque son conscientes de ello, no se responsabilizan de los estragos que suman en las ya caóticas calles de Roma.

—Gracias, gracias —murmuró satisfecha mientras revisaba las fotografías en la pantalla y nosotros nos levantábamos para dar alivio a las rodillas magulladas.

Ella dio unos pasitos hacia nosotros, me ofreció la mano y yo la acogí entre mis dedos. Sentí una piel tan tersa, tan de princesa, que me dieron ganas de hincar rodilla izquierda en el suelo y besársela. Cosa que no hice, evidentemente. A cambio le pregunté por su nombre.

—Claudia Parodi, es un placer conocerle —respondió al instante.

—El placer es suyo —dije, azorado—. ¡Bah!, quiero decir que el placer es mío. —De pronto mi lengua se había transformado en cuero seco y temí que se volviera bífida.

—Tranquilo, no se preocupe —repuso ella, esbozando una mueca que bien podría significar diversión como extrañeza.

Silencio incómodo. Intenté recordar algún consejo del manual sobre cómo ganar amigos, pero no se me ocurría nada apropiado para ese momento. Lancé un salvavidas:

—¿De dónde eres?

—Soy chilena.

—¿Perdón?

—Que vengo de Chile.

—Ah, sí, por supuesto.

Otro silencio incómodo. ¡Qué frágiles son las relaciones humanas en sus primeros estadios!

—¿Y qué haces por aquí? —Me carga la pregunta, porque amenaza insolencia… Pero era lo que había.

—Hace unos meses terminé un máster de Bellas Artes en Milán y ahora estoy buscando… *inspiración* —pronunció esa palabra con un arrebato final de entusiasmo, abrió los brazos e hizo un giro encantador, ¡con una gracia!, como de patinadora en hielo que quisiera dejarse abrazar por la columnata de Bernini.

—Ah, qué bien. Yo soy abogado…

—¡Oh!, no se preocupe por eso, yo no soy discriminadora. Por cierto, estoy haciendo una exploración… dice la guía que por aquí, en torno a este obelisco, hay un adoquín que tiene labrado un relieve con forma de corazón roto, ¿ustedes saben dónde está?

—Pues sí… soy yo —se me escapó decir, inconsciente de mi honestidad. Gracias a Dios, el *barbone* habló a la vez y diluyó mis palabras entre las suyas.

—Señorita, discúlpeme, pero debo volver a pasar la Navidad con mi mujer —dijo él—. ¡Estoy ansioso de anunciarle que este año nuestra pequeña no pasará frío! —Y se alejó dando saltitos con esa parka marrón extra-liviana que yo ya empezaba a extrañar.

—¡Ah!, ¡qué tierno! —musitó Claudia.

Pensé que yo iba a merecer alguna felicitación, alguna palmadita en la espalda por mi donación, ¡algo!, sin embargo, típico de los artistas, ella lo olvidó. En cambio, recomenzó la búsqueda del adoquín y la conversación corría, por tercera vez, el riesgo de morir.

Lo normal hubiera sido seguir cada uno por su lado. Su interés por mí se había agotado y yo no sabía cómo reavivar el calor y la luz que quedaban en las brasas. ¿Debía irme, así como así? Por supuesto. Vamos andando mejor, me dije, ¿qué más iba a hacer? Pero antes de dar el primer paso revisé la hora por un impulso nervioso o sobrenatural, no lo sé, y me encontré ahí con la inscripción latina del *tempus fugit* triqui-triqui, que me produjo en el estómago un efecto similar al del chile picante o ají. ¿En qué estaba pensando?, ¡esta golondrina podía ser la respuesta a mi plegaria!

Sabía que mi misión en ese momento era actuar. ¿Pero cómo? ¿Debía invitar a la chilena a tomar algo? Sería una velocidad algo violenta, la duda me paralizaba. ¿Me lanzo o no me lanzo?, esa era la cuestión. Se arrastraron por mi memoria los numerosos intentos fallidos, desde la infancia, de saltar de cabeza a la piscina; nunca fui capaz (creo que me quedó un trauma cuando rompí la tensión superficial del agua con la gruesa capa protectora de mis abdominales). Pero esta mañana era otro, mis 32 años me arengaron para hacerme sentir un campeón y salté de cara a la conquista.

—A todo esto… me llamo Matteo, un placer reconocerle; digo, conocerle —dije sonriente y simulando seguridad. En definitiva, ¿por qué no comentarlo?, mi aspecto le tiene que haber resultado atractivo o, al menos, muy interesante.

Pero en ese momento ella encontró la maldita piedra con el relieve del corazón roto y perdí definitivamente su atención.

Sufrí un minuto, o dos, o mil. ¿Debía mostrarme interesado en su descubrimiento o alejarme y esperar a que terminara? Opté por intervenir con una observación sofisticada:

—Qué diseño más… ¡palpitante!, ¿eh?

Nada, ella iba en la tercera foto del relieve y del pobre Matteo no me acuerdo. Probé entonces con un vocabulario más jurídico:

—Yo disfruto observando estas piedras, y lo digo sin *atenuantes*.

Fue peor, ni se inmutó. Hice un tercer intento, consciente de que sería el último:

—¿Sabe que aquí llamamos a este dibujo "el corazón de Nerón"?

Entonces ella conectó, me miró por encima de su cámara y me interrogó con su sonrisa:

—¿A usted le interesa el arte? —me preguntó, sin ocultar una pizca su admiración.

—Sí, claro, por supuesto.

Su sonrisa magnética imploraba una ampliación de la respuesta y yo revolvía los cajones de mi memoria para encontrar alguna prueba que respaldara mi declaración.

—Soy un aficionado de la polifonía clásica —se me ocurrió decir pensando en mi talento para interpretar la canción «Cumpleaños feliz» cuando salen los postres y las velas en las fiestas familiares.

—¡Qué bien! ¡Cuénteme esa leyenda, por favor!

—Claro. Este corazón partido… hum, tiene una historia triste. Unos lo atribuyen a Nerón, que tocó la lira mientras contemplaba la ciudad en llamas. Otros dicen que es consecuencia de algún desencanto amoroso de Miguel Ángel o de Gian Lorenzo Bernini.

—Ajá…

—También existen versiones más populares, como aquella que lo postula como un símbolo de la angustia de una mujer que escuchó, en esta misma plaza, la condena de su marido a la horca.

—¡Qué intrigante!, ¿y qué versión prefieres *tú*?

¡Ojo con el cambio de pronombre! Se acercó del "*usted*" al espontáneo y dulcísimo "*tú*". ¡Me transformé en un "tú"!; ¡nada de "usted", sino "tú"!

—Yo tengo una versión más personal. Mira: en torno a este obelisco, grabada en el suelo, está dibujada la rosa de los vientos —Se la indiqué—. ¿Ves?, y este corazón está tallado en un adoquín ubicado en la zona del Lebeche, esto es, la corriente de aire que viene del suroeste… es decir, de América del Sur… por tanto, también de Chile.

—¡Qué coincidencia!

Silencio de tensión, y de conexión, por supuesto. Había llegado el momento de invitarle un café o algo. O, si ocurría un milagro de portentosas proporciones, que me invitara ella. Sin embargo, sus pensamientos no discurrieron de acuerdo a la misma lógica que los míos, pues ella desvarió con una salida inexplicable:

—Bueno, muchas gracias por la información y ¡hasta pronto!

¿Cómo?, no podía ser, ¿se va? Claudia empezó a dar pasos hacia la *Via della Conciliazione* y yo me quedé ahí, frío e inmóvil como un adoquín, abandonado entre los dos millones de *sanpietrini*[3].

---

[3] "Sanpietrini" es el típico adoquinado del centro de Roma y toma su nombre de Piazza San Pietro.

«¿Por qué, Jesús, me engañas de esta manera? —le grité en mi interior—. Me ilusionas con una chilena fantástica y luego permites que todo se derrumbe. No es justo. Quizá no sea la mujer de mi vida, pero por algo me la estás presentando, ¿no? Además, no quiero pasar el día con mis padres, hoy es Navidad y mi reloj dice… ¡Basta!».

Corrí hasta Claudia y me interpuse en su camino con más frenesí del que me hubiera gustado. Ella disimuló su asombro. Me armé de valor y le hablé:

—Perdón, siempre he querido aprender un poco de fotografía… ¿te puedo acompañar para que me enseñes?, hoy es Navidad y…

—Gracias, pero no soy buena para enseñar.

—Ah. Te entiendo… y ¿qué tal si caminamos… digo, sin distraerte… cada uno por sí solo?

—No te entiendo.

—Nada, no te preocupes… ¿El *caffè* te gusta?

—No especialmente.

—Entonces, ¡te invito un *gelato*!

—Soy intolerante a la lactosa.

—*Vabbè*, ¿en serio? Bueno. Pues, qué torpe he sido, perdona. Quizá nos volvamos a encontrar otro día.

Abatido, di media vuelta y me arrastré unos cuantos pasos mientras digería la acidez del fracaso.

De pronto, por un impulso de curiosidad, o quizá por un pellizco de mi ángel guardián en el cuello, volteé la cabeza. Por si acaso. Y, ¡sorpresa!, ahí estaba Claudia, guapa, elegante, despierta, llena de iniciativa, artista, sensible, acercándose a mí con un esbozo de sonrisa irónica, como si hubiera leído mis sentimientos.

—¿Cómo?, ¿ya te rindes? ¿Entonces es cierto, como se te escapó decir hace un rato, que eres un adoquín? ¡Yapo!, ¿qué tal si intentas pedirme que te acompañe a comprar una parka nueva? Tengo una amiga que vende en el Trastevere, y tú estás tiritando de frío.

Yo tiritaba, es cierto, pero no de frío, sino que de nervios. Casi cometí el error de aclarárselo. ¿Era real lo que estaba viviendo, o era un sueño? Me dieron ganas de pellizcarle su brazo para resolverlo. Pero ella me sacó de dudas al hacerme sentir por un segundo su mano en mi espalda para empujarme a caminar. La seguí como un niño, feliz, agradecido de *Gesù Bambino* y consciente de que necesitaría la ayuda de un buen amigo para diseñar una estrategia de acercamiento y, ¿por qué no soñar?, también de conquista. Sólo se me ocurría un nombre: Carlo.

CAPÍTULO 3.
La primera cita.
(Piazza Navona)

—A VER, Matteo, ahora me sales con que estás confundido, que las luciérnagas en el estómago y no sé qué historias. Aclárate, ¿estás enamorado o no?

Quizá mi apartamento no es el lugar más idóneo para que me interpelen de esta manera. Dos sillones y una butaca de cuero dispuestos en torno a una mesa de cristal, sobre la cual baila un jarrón con girasoles más falsos que mi esperanza. Tengo una repisa con libros de historia y el resto de la decoración la decretó mi madre: una alfombra lisa marrón y cuadros de naturaleza muerta que me succionan una porción del alma cada vez que los miro. Pero al menos aquí estamos seguros.

—No es tan sencillo, Carlo. ¿Crees que esa pregunta tiene sentido cuando mis posibilidades de éxito son tan bajas? Mi primera cita con ella... fue trágica. No sé qué hacer, Claudia tiene una mirada que derrite hasta los vidrios y yo...

A alguno le podrá extrañar que tenga tanta confianza con mi hermano. Por su abundancia corporal (me saca una cabeza de alto y otra de ancho) y escasez capilar, Carlo aparenta tener entre 40 y 50 años (me consta que en fiestas con disfraces ha hecho de Hagrid, de Obélix y de Papá Noel, y el éxito en esas representaciones no se ha debido solo al bigote). Pero cuando sonríe, revela una expresión inocente y agradable que lo devuelve a su edad auténtica de 24. Es un buen tipo: cuando lo llamo para pedir algo, él suele sonreír como un niño feliz y, con una que otra condición peregrina, acaba diciéndome siempre que sí.

—No sigas, no sigas. Ya entendí el punto —me interrumpió, pidiendo una pausa para llevarse la mano a la frente y cerrar por un momento los ojos, en plan *pensador*—. Me recuerdas a Kierkegaard cuando escribió que "el amor es siempre tímido". ¿No estarás exagerando con eso de que eres un hombre perdido, tal y cual?

—No te he contado todo. ¿Y esa cita de Kierkegaard, eh, de dónde la sacaste? —contrataqué yo—, ¿de *Instagram*?

—¡Eh!, más respeto. Espérame, ¿qué te traigo, cerveza o cerveza?

—Coca-Cola *light*, gracias.

—Eres incorregible —bufó Carlo, levantándose del sofá, probablemente para disimular su interés por mi relato.

Yo estaba dispuesto a explayarme, más que nunca, pero él me interrumpía como esos niños pequeños que se impacientan en los viajes y preguntan *cuánto falta* cada 5 minutos. Después de conocer a Claudia en Navidad, entendí que debía llamar a alguien para orientarme en el área, pero postergué el asunto unas semanas y al final invité a la chilena a salir sin el consejo previo de nadie. No es que me sienta orgulloso por esto: tengo 32, es cierto, pero mi experiencia en estas lides es tan limitada como el conocimiento que tenía Bernini de los hipopótamos o de los armadillos.

Me hubieran venido bien unos consejillos previos a la cita…, ¡vaya que pasé vergüenza! Definitivamente se está mejor aquí, en la sala de estar de mi edificio, cerca de *Piazza Euclide* y de unos restaurantes fieles que están siempre listos para enviarte una *pizza* cuando la necesitas. Pero necesito arriesgar más, eso es lo único que veo claro, cueste lo que cueste.

Me sorprendió, por cierto, caer en la cuenta de que ésta era la primera vez que abría mi corazón a otra persona en asuntos de índole amoroso. Lo tuve que hacer más por necesidad que por valentía, y fui sintiendo el efecto terapéutico del desahogo… Al verbalizar las emociones, notaba que éstas perdían buena parte de su crueldad.

—La invité a desayunar en un balconcito que hay en la segunda planta del *palazzo* que está junto a la Iglesia Santa Inés. ¿Dónde mejor que *Piazza Navona* para sintonizar con los primeros bostezos de Roma, me puedes decir?

—¡Habla más fuerte, no se oye! —gritó mi hermano desde la cocina.

Escuché el destape de una lata, "*¡prst!*", y de una botella, "*¡clas!*". Acto seguido, Carlo regresó con ambos trofeos y su sonrisa infantil. Me entregó una lata de cerveza *Peroni* (siempre se sale con la suya) y se sentó en la butaca con su botellín; cruzó los pies sobre la mesa y me alegré viéndolo tan calmado frente la *Birra Artigianale di Montepulciano* que burbujeaba cerca de su rostro; la saboreó con pequeños sorbos muy medidos, los ojos cerrados y la espuma se le encaramó al bigote.

—La esperé junto a la *Fontana dei Quattro Fiumi* —dije para retomar el hilo—, que reflejaba cierta luz primaveral, algo milagroso considerando que era enero.

—O falso, considerando que te picó el romanticismo…

—No interrumpas. ¿Te interesa lo que te estoy contando o no?

—Oye, hermano, hoy estás hipersensible o qué —Me puso una mano en el hombro y acercó la cabeza para mirarme a los ojos—. ¡Eh!, mírame, ¡te estoy escuchando!

—Ok, ok. Sigo. Entre los cuatro gigantes de mármol que posan ahí como fisicoculturistas barbudos frente a las cámaras de los turistas, elegí la sombra del hombre que simboliza el Río de la Plata.

—¿Cuál?

—Ése que está cubriéndose la cara con su antebrazo como si quisiera refugiarse del sol o intentara protegerse de los regalitos de las gaviotas.

—Ah sí…

—Me pareció un buen lugar para sumar puntos a mi capital de méritos, jeje, ¿entiendes?

—¿Pero ese río no queda en Argentina?, ¿qué tiene que ver con Claudia?

—No te pongas quisquilloso, Carlo: Argentina, Chile, es igual. En Sudamérica son todos hermanos.

—Hum.

—Como decía, esperé ahí un buen rato en gallarda postura…

—Ya empezamos otra vez con el lenguaje del siglo XVI...

—¡Y con mi elegante traje de lana gris! —hice caso omiso de su impertinencia—. Pero pasó el tiempo, me cansé y acabé sentándome sobre la baranda de hierro que rodea el estanque. Las rodillas se quejaron por la baja altura del asiento y por los grupos turísticos que me pedían moverme un poquito para allá o para acá, pues al parecer nadie quería verme dentro de su foto...

—¿Qué esperabas? Tal vez, si hicieras más deporte…

—De pronto divisé a Claudia, después de 45 minutos de espera que dejaron de importar en un santiamén. Entró por el acceso norte, se distrajo con la heladería de la esquina, pasó cerca del puesto de militares armados, donde dos jóvenes uniformados y un *carabiniere* paralizaron su conversación para mirarla pasar.

Dejé un espacio para levantar varias veces las cejas, por eso del énfasis. Seguí:

—Me levanté como un resorte y escuché un tenebroso "*cric*" en mis rodillas. Fue una señal de alarma que emitió mi cuerpo por la llegada inminente de esta dama; no podía creer que se estaba acercando *ella,* y lo peor es que lo hacía por la invitación de un hombre que, nada más inverosímil, ¡era yo! —Me empecé a entusiasmar con *tutti* y el relato fue ganando en pasión—. Algo muy parecido a un shock eléctrico recorrió mi cuerpo y quedé en una posición tan rígida que temí haberme transformado en una réplica del obelisco egipcio que levita sobre la fuente.

»Mi alma enmudecía en la medida que ella acortaba la distancia. Me aturdió su caminar oscilante sobre los adoquines que, por si no lo recuerdas, reemplazan lo que alguna vez fue el Estadio de Domiciano —Carlo apretó los párpados para pedirme que no me fuera por las ramas, así que volví al terreno personal—. El suave frufrú que atribuyeron mis oídos al roce entre su blazer amarillo y la camiseta negra de cuello alto que llevaba debajo era... Prendas que, por cierto, combinaba con un pantalón Capri, amarillo también, dándole un parecido simpático a una abejita que se acerca al tulipán mecido por el viento —Carlo volvió a apretar los párpados, como si hubiera descubierto que esa última frase estaba ensayada—. Todo esto... ¿cómo decirlo? Digamos que su presencia me estaba transformando: de ser un cúmulo de tierra seca estaba evolucionando hacia un hormiguero de emociones contradictorias.

—Vaya, vaya, jaja, ¿no estarás exagerando? Hombre, eso del amor a primera vista, que todo el mundo coincide en que no existe, en tu relato se queda corto: ¡lo tuyo es un delirio! Realmente eres un cero a la izquierda en vida social, ¿eh?; digo, como para que te impresiones tan fácilmente por una extranjera de Argentina...

—Y solo estoy empezando. Además es de Chile. Agradecí que le quedaran todavía unos 100 metros de recorrido, porque mi cabeza seguía el vaivén de sus pasos como una cobra que obedece al encantador de serpientes, y con tanta docilidad que cuando ella tropezó con un adoquín mal puesto, me caí yo.

—Déjate esos metaforones para tus libros... no hace falta que exageres así conmigo, ¿qué te pasa, hermano? ¿Por qué me hablas como si estuviéramos en el congreso de poetas de Florencia, idiota? ¿Y en qué minuto aprendiste tanto de moda femenina?

—Mejor escucha y aprovecha de aprender cómo funciona este mundo del amor romántico —le sugerí. Me pareció superfluo explicarle que había estado estudiando el asunto por internet—. Me reincorporé con la cabeza dando vueltas, aunque sin interrumpir la conexión estética con la chilena. Estábamos ya a un tiro de piedra; y deseé que la piedra fuera lanzada sobre mi cabeza para interrumpir mi vida en ese momento tan difícilmente superable.

—Ahora te pones cursi, jaja —musitó Carlo, desmintiendo su objeción con sus movimientos: bajó los pies de la mesa, dio unos sorbitos a su vaso y adoptó una atenta inclinación del cuerpo.

—Ay, ay, y su sombrero… era de ala ancha, flexible y daba a su pelo castaño una caída con efecto de cascada sobre sus hombros.

—Estás enamorado. Digo, en resumen… Y podríamos poner el fútbol.

—No, no puedo decir que esté enamorado: esto no es un cuento de hadas… pero me di cuenta de que ella era como el agua fresca que ronronea entre los gigantes de mármol, salpicándolos y pronunciando sus nombres: Nilo, Danubio, Ganges y Río de la Plata… ¡Qué mujer más especial!

—Déjame que abra un poco la ventana, que estoy a punto de saltar a la calle.

—No me cortes la inspiración, enano. De pronto Claudia me reconoció en medio de la gente, me sonrió y yo correspondí con una reverencia de 30 grados. Ella me devolvió el saludo agitando la mano y sentí que los hilos proyectados por nuestras miradas se enlazaban.

—¿Quién lo iba a decir? ¡Viento en popa! —celebró Carlo, levantándose de forma inconsciente, con un esfuerzo meritorio dadas sus circunstancias físicas, para volver a sentarse casi de inmediato. Me atrevería a decir que lo hizo sin ironía.

—Eso mismo pensaba yo. Sin embargo, en ese minuto dorado, un mimo disfrazado de Charles Chaplin que merodeaba por ahí con traje gastado y haciendo malabares con un bastón para pedir dinero a los turistas, sobrevoló en torno a ella, trazando un rodeo cual buitre, hizo girar el bastón en torno a su muñeca como una ruleta y le preguntó con pantomimas, a solo 2 metros de distancia, si quería pasear con él, ¡del brazo!

—Todo un detalle…

—E incluso, te lo puedo asegurar, le guiñó un ojo. Creo que más de una vez… Eso no lo podía tolerar. Mientras pensaba qué hacer, el tipo se entusiasmó con la atención que Claudia le ofrecía, ¡otra cosa incomprensible!, y se acercó hacia ella dando saltitos de mirlo negro.

—Un hombre ingenioso, hay que reconocer…

—Me vi forzado a actuar, ¡tamaña falta de respeto no se puede tolerar! Caminé rápido para mostrar al payaso que la chica tenía acompañante, subí los hombros para parecer más fornido (agradecí a mi sombra por confirmarme en mi gesto intimidatorio) y cuando estaba a mitad de camino, el mimo consiguió tomarla del brazo. En ese momento dejé a un lado las consideraciones del decoro y corrí, angustiado, sin otra salida que la de dejar obrar a la improvisación y así, de sopetón, cuando estuve frente a él, le solté un buen gruñido de gorila.

—No te veo, ¿eh? Seguro que tu gruñido fue más parecido al de un perro salchicha con chaquetilla de lana. Pero dale, sigue contando.

—No me creas, pero el tipo reaccionó: compungió su rostro al notar mi presencia protectora, escondió detrás de la espalda sus garras de cernícalo lagartijero, se despidió de Claudia con una reverencia profunda (¡me robó el gesto!) y se alejó unos metros, silbando y mirándonos de reojo, como si esperara que nosotros deliberásemos sobre cuánto dinero darle por su "espectáculo".

—La propina la merecerías tú por todo este teatro...

—Gracias, modestia aparte. Claudia fue más rápida: «Matteo —me dijo—, admite que estuvo simpático, dale algo... y acompáñame después a mirar la fuente. ¡Qué vivo es este conjunto de Bernini!», agregó alejándose, tranquila, distraída, inocente. Y yo, sin pensar en el absurdo de mi situación, di dos euros al mimo y me volví rápido para alcanzar a esta chilena tan desconcertante.

—Pero, Matteo, no parece que el encuentro haya salido mal, sé razonable —me interrumpió mi hermano, que sospecho se estaba impacientando desde que su cerveza se había terminado.

—Discúlpame, pero la historia la cuento completa o mejor no te la cuento. De lo contrario, ¿cómo me aseguro de que tengas los elementos de juicio suficientes como para aconsejarme al final? La prudencia no se improvisa, ¿eh? ¿Es primera vez que escuchas un problema del corazón, eh?

—Ok, ok, ¿y entonces? —preguntó, poniendo accidentalmente el rabillo del ojo en la puerta de la cocina. Comprendí su deseo y, algo decepcionado por las distracciones que le imponía su cuerpo, le indiqué con la mano que lo esperaría. También le pedí que aprovechara de traer alguna cosita más para nutrir el fiel soporte de mi espíritu.

Él se levantó sin resistirse y en tiempo récord regresó con las provisiones sugeridas por ese corazón grande que cabe tan holgadamente dentro de su pecho: cerveza fría, aceitunas verdes con palillos; o sin palillos, no estoy seguro, pero fijo que venía con la bandeja de *bruschettas* con aceite y jamón cuya presencia en la cocina probablemente le había desconcentrado desde el inicio de la tarde. No se atrevió a traer también la bandeja con porqueta laminada: debe haber confiado en que yo la serviría en la cena. Por mi parte, aproveché para ordenar un poco las ideas.

—Claudia estaba encantada con la fuente de Bernini y se puso a hacerle fotos como si fuese la primera vez que la veía. O la única. Lanzó besitos con la mano al "armadillo" y al "hipopótamo", y le volvió loca el león de mármol que surge de una cavidad para beber en el estanque. Lo señaló repetidas veces, me pedía que me fijara en éste u otro detalle y a continuación le sacaba fotos sin esperar respuestas. De pronto, Claudia miró a cada lado y me susurró algo así como «supongo que no se puede, pero *necesito* una *selfie* con el león».

—¿Cómo *necesito*?

—Eso dijo, y por quedarme pensando en eso no alcancé a detenerla: se quitó los zapatos con un movimiento de pies y a pesar del frío de enero, se adentró en la fuente con un chapoteo indiscreto, con el agua hasta las rodillas. De pronto me sentí aterrado —Además ahora me da frío de puro recordarlo—. Pensé en los militares que custodian la entrada con uniformes y fusiles y comprobé que, gracias a Dios, estaban distraídos por los gritos de escándalo de una mujer americana entrada en años y rellenita que en ese momento estaba siendo cortejada por el mimo.

—¿Y qué hiciste?

—«¡Claudia!», carraspeé. «¡Sal de ahí, estás haciendo algo ilegal!». Pero mi argumento hasta le pareció divertido. Insistí con la amenaza que a mí siempre me ha parecido definitiva: «¡Te van a multar!». Pero ella, en cambio, prefirió sumergirse hasta los hombros para avanzar gateando, aunque con un brazo fuera para sostener en alto la cámara fotográfica. Llegó donde estaba el león sediento y abrazó de espaldas su cabellera de piedra.

—¿Y esa mujer te interesa?

—Tengo que reconocer que el blazer amarillo, que antes la había asemejado a un tulipán mecido por el viento, en ese momento le hacía verse como una simpática patita de hule. Luego, con toda paz, giró su cámara de un modo y otro para conseguir una difícil *selfie*. Cuando, después de cinco o seis *"crish"*, se sintió satisfecha, el *carabiniere* había olfateado la inquietud morbosa que reinaba en la masa de turistas y se acercaba con paso decidido. Trágame tierra.

—¡Eh!, ¿qué hace?, ¡salga de ahí inmediatamente! — más o menos fue lo que gritó el agente. Tengo grabada la imagen de esa mandíbula apretada y las venas del cuello engrosándose hasta parecer esculpidas— ¿Quién se cree que es usted?, ¿la *dolce vita*?

La masa humana de turistas formó un semicírculo compacto, algunos filmaban, pero Claudia no se inmutó. En cambio, se sacó una *selfie* más y solo después de eso se dignó mirar a su fiscalizador. Y ¿sabes qué hizo?

—¿Qué?

—Le sonrió.

—No entiendo…

— Sin más, le sonrió. Abrió los ojos, levantó los hombros por sobre el nivel del agua y junto a otros recursos intangibles que no sabría describir, se convirtió en una frágil muñeca de porcelana amarilla-negra merecedora de urgente comprensión. Fue como una transfiguración. Pero el *carabiniere* se sintió en el deber, quizá presionado por la gente, de insistir en la expulsión, aunque ahora más titubeante y con la voz ligeramente afectada: «*Signorina*, discúlpeme, pero es mi deber pedirle que salga de la fuente». Alargó su brazo para ofrecérselo de barandilla y agregó: «Déjeme que le ayude».

Carlo, ¿¡quién es esta mujer!?, ¡me supera por todos lados!, ¿es posible que sea ella la chica que me quiso presentar *Gesù Bambino*? ¡no tengo paciencia para sus exabruptos creativos, su personalidad me da vértigo!

—Anda, toma un trago y tranquilízate.

—Sí, gracias —Le hice caso y probé también una *bruschetta*—. Demás está decir que no pude concentrarme para nada en el desayuno, el cual, por cierto, tampoco fue en el balcón que alquilé… A ella le pareció que estaba en el costado equivocado de la plaza y dijo que prefería tener vista a la Iglesia de Santa Inés, así que me hizo pasar a un *minimarket* —Tomé otro trago largo para calmarme, esta vez de la cerveza artesanal de Carlo— para comprar unos *paninos* de jamón e irnos a sentar en los fierros de la rejita que rodea la fuente para desayunar "con vistas a la fachada de Borromini", y además con frío, porque tuve que arroparla con mi chaqueta…

Total, volví a casa exhausto. No sé, creo que fue demasiado para mí… después de todo, quizá mi vocación sea permanecer soltero.

—Ya veo, ya veo. Pues sí, está claro, me parece que ésa es tu vocación más probable. ¿Y de todo esto, qué te puedo decir yo?

—Ahora viene mi pregunta —Me incorporé en el asiento y respiré hondo—. De este encuentro con Claudia ya han pasado casi dos semanas. Tengo que decidir si la vuelvo a invitar a salir o no… ella tampoco ha tomado la iniciativa, ¿sabes?, y el tiempo *fugit*, avanza, la vida se escapa.

—Sí, sí. A ver, hmm, creo que la respuesta la tienes más que masticada en tu mente.

—¿Cómo?

—Si no te gustara Claudia no me habrías invitado para "desahogarte", ni buscarías consejos o garantías para dar tu siguiente paso. Y menos con tu hermano chico. Hum. Lo que te pasa es que no te atreves a invitarla otra vez y esperas que yo te ayude, quizá incluso materialmente, a concertar otra cita… ¿es así?

—No quisiera pedirte tanto…

—¡Ja!, ¡no te preocupes!, déjalo en mis manos. ¿Crees que no entiendo de amor romántico? Es uno de las pocos temas que domino: sigo no una o dos, sino ¡tres! cuentas de *Instagram* que te enseñan a moverte en el arte de la conquista. Así que dame su dirección y la visitaré. Confía en mí.

—¿Y cómo voy a saber dónde vive?

—Ah, no pasa nada, ya lo averiguaré yo. Le dejaré ganar un concurso de *Instagram* y le llevo el premio. Algo así…

—¿No vas a complicar las cosas?

—Hombre, seré discreto.

—Te agradezco tanto…

Al día siguiente recibí un peculiar WhatsApp de Claudia, escrito de acuerdo al estilo postal, y venía acompañado por una foto de la Fontana di Trevi:

"Caro Matteo, yo también lo pasé bien en Piazza Navona el otro día. Es más, tú podrías elegir el próximo lugar para que visitemos. ¿Qué te parece la Fontana di Trevi el sábado al mediodía?, con el calor que está haciendo, no estaría mal refrescarse un poco los pies.
Claudia.
P.S.: Por favor vístete con algo más juvenil que un traje gris.
P.S. 2: No te olvides de llevar unas moneditas para que yo pueda lanzarlas a la fuente".

Me mordía los labios mientras leía, una, dos, tres veces este mensaje. Saqué el móvil y con toques frenéticos busqué el contacto de mi hermano.

—¡¿Qué le dijiste?!

—¡Ah!, jaja, no te preocupes.

—No te estoy dando las gracias todavía, ¡dime qué hiciste!

—Tranquilo, hombre, me extraña que pierdas los nervios de esta manera, un jurista como tú... Bueno, seré franco, me presenté personalmente en su piso, casi toqué la puerta, pero, justo a tiempo, me detuve.

—¿Cómo?

—No entré porque se me ocurrió un plan mejor. Fui a comprar una postal con la estampa de la *Fontana dei Quattro Fiumi*, le puse unas letras con caligrafía barroca y se la dejé por debajo de la puerta. El mérito es tuyo, en todo caso, pues escribí palabras que recordé del discurso que me diste. Mamá me ayudó un poco también, y bueno, también *Chat GTP*... Mira, le saqué una foto antes de entregarla... aquí está:

"Desde que visitamos Piazza Navona, quedó allí un rumor mágico que energiza las esculturas de Bernini y el obelisco: ahora es una fuente que representa los aspectos dinámicos y permanentes de la vida.

Como decía Kierkegaard, "el amor es tímido", por eso te escribo para expresar mis sentimientos. Si nos transformásemos en partes de la fuente, tú serías el león y yo el armadillo, que además tendría por dentro un hormiguero de emociones nuevas. Gracias por salir conmigo, ¿cuándo nos vemos de nuevo?".

—¿Y eso…? —Saqué un pañuelo del bolsillo con la mano libre para secarme el sudor de la frente— ¿Le escribiste *eso*, desgraciado?

—Bueno, jeje, ya me lo agradecerás otro día. ¿Qué te respondió ella?

Capítulo 4.
¿Y si se enamora de un milanés?
(Via del Corso)

Me demoré en responder a Claudia. Encontré un video con ejercicios de respiración en *Youtube*, lo seguí, reuní fuerzas y la llamé: le expliqué que prefería no salir a la Fontana di Trevi, ni a ninguna otra parte, porque necesitaba 'tomarme un tiempo'. La situación se había salido de control. Su respuesta me decepcionó: «De hecho mejor, así aprovecho de avanzar en un cuadro que tengo pendiente», dijo. Carlo se cansó y no me quiso escuchar más. Y yo acabé sintiéndome como un gorila de peluche olvidado en un subterráneo. Es en este tipo de ocasiones cuando pienso que estoy rodeado de egoístas que no piensan en mí.

Pasaron los días y la inquietud crecía. Claudia se hacía presente en las cosas y en las horas, interrumpiendo mi sosiego forzado. Desayunaba, comía, merendaba y cenaba con la viva imagen de la chilena en *Piazza Navona*: la vista se me desenfocaba del plato o de los libros y se quedaba a mitad de camino, en el aire, donde aparecía, obstinada, la ligerísima silueta amarilla de esta mujer alarmante. Me picaban las manos y me las frotaba como hacen las moscas; experimentaba el tiempo de la vida como si fuera un río turbio, fangoso, ancho, que emanaba sueño y vapor: en ese río sumergía mi cabeza y no me atrevía a abrir los ojos ni a respirar. Quizá tenía razón Ovidio cuando dijo: "*Quo magis tegitur, tectus magis aestuat ignis*" [cuanto más te esfuerzas en ocultar el fuego, más arde]. Algo le conté a mi hermano Carlo, algo a mi madre (eso fue un error de novato), pero no me animaba a reconectar con Claudia, pues a estas alturas lo más probable es que ella ya estuviera saliendo con otra persona más atractiva, más joven, más... normal.

Mi madre insistía en preguntarme cómo estaba y no entendía mi dedicación al latín durante los fines de semana; hasta que, un día en que salíamos de Misa, ella, la más perspicaz observadora de los movimientos de mi alma, terminó de comprender lo que ocurría.

Estaba con mis padres, que se llaman Massimo Ciccione y Rena Scott, también con Carlo y el párroco, Giorgio Acquafresca, en el pórtico semicircular de la *Chiesa di Santa Maria della Pace*, a una cuadra de *Piazza Navona*, cuando surgió, repentinamente desde la iglesia, Claudia. Bajé la mirada con la esperanza de no ser visto, cosa absurda pues el espacio era estrecho. Ella nos vio, sonrió como para excusarse y ágilmente se subió a su Vespa para volar. Lo suficiente como para que yo quedara en una situación incómoda y mi madre descubriera el motivo de mis inquietudes...

Esa noche desperté sobresaltado, encendí la lámpara, "¿y si se enamora de un milanés?", pensé. Me han contado tantas bromas sobre eso de que los milaneses son 'ahorrativos', que de pronto experimenté cierta inquietud. Además, me di cuenta de otra cosa con ese susto: estaba dejando de preocuparme tanto por mi situación de soledad, para interesarme más por el bien de la propia Claudia.

Más o menos el sueño fue así:

Caminaba por la Vía del Corso con mi amigo Leo, un milanés que conocí en la Facultad, pues él quería comprar un regalo de cumpleaños para su novia.

Entramos en una tienda simpática con mucha variedad de productos y nos recibió una mujer de pelo azabache rizado.

—Buenos días, señorita, ¿dónde puedo encontrar chocolates? —preguntó Leo.

—Al fondo a la derecha.

—Pero yo busco algo especial, ¿sabe?, una caja más bien grande… Es para mi novia —explicó al final sacando pecho.

—¡Ah! —ella se alegró—, entonces busque al fondo a la izquierda, ahí está la sección gourmet.

Le hicimos caso y ahí encontramos chocolates artesanales, elegantes, con empaques coloridos dignos del comedor de un rey. Leo caminaba un poco abstraído, pensando quizá en su amada a la que vería poco después, así que le ayudé.

—¿Qué te parece ésta? —pregunté con la mejor caja de bombones entre mis manos—. Casi tiene el tamaño de una caja de pizza, pero adentro viene lo mejor de lo mejor.

—Es perfecta. Mi novia se merece lo mejor. ¿Y cuánto cuesta?

—A ver… cuarenta euros.

Edu parpadeó más rápido de lo habitual y palideció un poco.

—Vamos a ver —aclaró— esto es un cumpleaños, no una petición de matrimonio. Veamos otra opción.

—¿Ésta? —dije señalando otra caja más pequeña, pero que ponía *Swiss Luxury*— Solo vale 14,15 euros.

—Hmm. Miraremos la sección de la derecha, aquí veo poca variedad.

Dimos una vuelta rápida por la tiendecita y nos cruzamos otra vez con la mujer, que nos sonrió, intuyendo quizá lo que sucedía. Seguimos nuestro camino hasta que dimos con el pasillo de los chocolates nivel normal. Estuvimos ahí mirando, yo las cajas y Leo los precios, hasta que al final él concluyó que habíamos entrado en el lugar equivocado.

No entendí por qué lo decía, tampoco alcancé a replicar, pues él se entusiasmó por fin, señalando algo al final del pasillo. Miré también, esperanzado, y descubrí que se refería a un puesto ¡con muestras gratis de galletas Oreo!

Nos aproximamos rápido, temerosos de que se acabaran, y saludamos al joven que estaba al otro lado del puestecillo. Él nos miró con indisimulada sospecha y respondió a nuestro saludo con una expresión defensiva:

—Solo una por persona, ¿eh?

Salimos, yo abrí el envoltorio para disfrutar mi galleta y él guardó la suya en el bolsillo de su chaqueta. De pronto, una chica de ojos verdes nos saludó, ¡era Claudia! Leo aceleró el paso y la abrazó.

—Te conseguí un regalo, ¡felicitaciones! —le dijo con sonrisa sincerísima mientras le entregaba la galleta.

—¡Eres lo mejor! —agradeció ella.

—¿No la vas a abrir?

—¿Ahora?

—Sí, ¡para que la compartamos!

A fin de cuentas, pensé en cuanto desperté, necesito volver a verla. Quizá deba ir a pedir otra ayuda al *Bambino Gesù*... Por el bien de ella.

CAPÍTULO 5.
Cuidado con los mosquitos.
(Biblioteca Angelica)

EL DÍA del examen llegó a mediados de junio. No había informado a nadie de mi aventura, pues nadie me hubiera creído capaz de intentarla. Haber dejado pasar a Claudia había sido el peor error de mi vida y necesitaba hacer algo para redimir mi cobardía. El amor es tímido, me dijo un día Carlo; es cierto, pero en mi caso es peor, mi amor es fracaso.

Mientras caminaba hacia la Biblioteca Angelica para participar en el casting que organizaba el Instituto Municipal de Teatro en Latín, recordaba con nostalgia los paseos que solía dar por la *Piazza del Campidoglio*, cuando intercalaba los ensayos con la contemplación de Los Foros. Más que un paisaje, eso es un portal: allí me imaginaba revestido de toga, coronado con laurel; las dudas que burbujeaban como un vino *rosso frizzante* en mi corazón de pronto se sosegaban en el olvido del Olimpo. Pero detrás de los momentos sublimes de la vida siempre acecha el dolor: cuando faltaban pocos escalones espirituales para alcanzar la inspiración poética, algún mosquito —pérfidas alimañas hematófagas— me distraía, devolviéndome de bruces a lo más material de la existencia.

A pesar de las contrariedades que había en esas visitas, llegué a amar el Capitolio, sobre todo porque allí encontré un guía, un referente existencial: Marco Aurelio, el emperador que atraviesa los siglos montando con estoica majestad en su corcel de bronce. Admiro su barba de filósofo y su armadura de *imperator*, su mano alzada con gesto pacificador y su mirada absorta, y veo encarnada en su figura ese ideal de virtud que esboza en sus Meditaciones: "Ser igual que el promontorio contra el que sin interrupción se estrellan las olas. Este se mantiene firme, y en torno a él se adormece la espuma del oleaje". ¡Cuán lejos estoy yo de ese nivel de vuelo! En todo caso, recuerdo que me dirigía a él con reverencia y familiaridad, improvisando rimas de verso libre:

"Marco Aurelio, eres un tipo veraz y apuesto,
¿cómo acabaste aquí, al sol tan expuesto?
Protesto.
¿Quieres bloqueador solar?, yo te puedo dar".

Nada, nada, no merezco aplausos, que la adulación me puede hacer mal. Quería hablar del examen: esa tarde fui a la *Piazza Sant'Agostino* con mi traje gris, dirigí una oración a Santa Mónica desde fuera de la Basílica que custodia sus restos mortales, e ingresé al túnel de escaleras que desemboca en la Biblioteca Angelica. ¡Qué salón más venerable! Ahí se guardan miles de libros antiguos, contenidos en estanterías de madera de tres pisos; son muebles altos con líneas curvas, adornados con pasillos colgantes muy estrechos que deben ser terribles para el pobre tipo encargado de devolver los ejemplares. Claudia se fijaría en las balaustradas de hierro del segundo y tercer nivel, pues parecen signos de interrogación invertidos y me haría alguna broma con eso, quizá. O quizá no. Polvo y barniz son los aromas dominantes del lugar.

Hacía calor y un público heterogéneo casi llenaba las poco más de treinta sillas que había disponibles frente al escenario. Más bien era un entarimado improvisado, dispuesto debajo del ventanal amarillo que decora la pared del fondo y que en ese momento iluminaba la actuación de una chica desgreñada que desempeñaba un papel agonizante ante del jurado.

Me senté en tercera fila, en una silla tan elegante como dura, y vi pasar por el escenario a varios concursantes. Todos mostraban una actuación inferior a mi potencial, de modo que, poco a poco, fui experimentando una creciente ansiedad para subir, ¿y ganar? No, no, lo importante no es ganar, sino evitar perder.

Llegó mi turno. Me dirigí hacia el estrado, el silencio general me pesó como tres atmósferas. Enderecé la espalda, subí un escalón. Comprobé con la mano que el peinado estaba en orden y terminé de subir a la tarima con paso forzadamente tranquilo, a la vez que me desabotonaba la chaqueta gris con una soltura cien veces estudiada para expresar que dominaba la situación. Pero al calibrar la grave disposición de los rostros del jurado casi se me escapa el alma por los ojos; me volví a abotonar la chaqueta de modo inconsciente y crucé los brazos.

Tres profesoras situadas en la primera fila me taladraban con sus miradas draconianas. Estarían cansadas. Supongo que después de evaluar decenas de audiciones habían perdido el entusiasmo (si acaso alguna vez lo tuvieron). A esto se sumaba la presencia de un respetable público esparcido por la sala; ¿quiénes eran?, ¿futuros concursantes, ignotos amantes del latín, almas en pena? En fin, eran sujetos que aunque preferían mirar sus teléfonos, igual cargaban el aire con la bruma de la presión social. Me aferré al recuerdo de mis conversaciones con Marco Aurelio y esperé a que las juezas me dieran luz verde para comenzar mi presentación.

De pronto, ese *tap tap* inconfundible: desde el túnel-escalera que viene de la calle resonaron unos tacones ágiles como el segundero. Conocía ese sonido. Intenté rastrear su origen, pero no aparecía su emisor. De pronto, el ritmo entró con nitidez y luego se detuvo. Vi una silueta en el pórtico, era una mujer con vestido de lino beige que buscaba asiento con la mirada. Enfoqué mejor usando una mano como visera contra los focos y… «¿Cómo diablos se enteró *ella*? ¡Qué lugar más desafortunado para intentar un reencuentro! Ahora sí que se me complicó la cosa. ¿Quién le reveló que soy un friki del latín…?, ¿y qué pasa si descubre que además soy un friki fracasado del latín? ¡No me abandones ahora, Dios mío!».

La presidenta de la comisión buscó mi nombre en la lista con su nudoso dedo índice y me interpeló:

—*Ciccione*… ¿hijo del exministro? Hum, tiene usted la misma cara aburrida de su padre. Recuerde que tiene 4 minutos, ¿qué tema eligió?

«*Glup*», yo tengo mis velocidades y aunque me creía flexible, la sorpresita de aquella visita beige me había caído como un petardo en el estómago. Sentí cómo la sangre de la cara se retiraba y me dejaba solo con mi piel fría, que además estaba cubierta con extra blanco por el bloqueador solar. Me esforcé por traer a mi mente el rostro del jinete imperial, lo imaginé rodeado de nubes, iluminado por rayos y aclamado por truenos, muchos truenos, y en medio de esa tormenta, el emperador me levantó su poderoso pulgar. Eso hizo sonreír tímidamente mi corazón y comencé el discurso, aunque con voz trémula:

—*Ubi magni homines sunt?*

La gente estaba atenta. Tosí, quise continuar, pero había notado que se acercaban dos o tres zancudos en agresivo vuelo. Lo que me faltaba. Me desconcentré, «¿en qué iba?, horror, silencio vulnerable, voy a reprobar, Claudia está aquí... ¡qué hago, carajo!».

—Roma, *clap, clap,* Roma, *clap, clap* —recité, intercalando discretos aplausos entre los versos, con los cuales logré matar a uno de los tres mosquitos. Pero los otros eran más rápidos y se escapaban como el *spaguetti* entre los dientes del tenedor.

—*Ego te amo, Roma, ego te amabo...* ¡Ay!

Un mosquito trabajaba en plena succión de sangre por detrás de mi cuello. Reaccioné con un manotazo y el insecto cayó, enfurecido y vivo, por dentro de la camisa. Entonces sentí otro pinchazo en la espalda: metí la mano para perseguirlo con mis dedos, pero no conseguí llegar muy lejos sin hacer sufrir al hombro. Me apoyé en la pared y me rasqué la espalda como un gorila contra la palmera; pero eso no me tranquilizó pues la criatura bien podía seguir ahí, impune. No tuve otra opción. Me quité la chaqueta, me desabotoné el cuello de la camisa con cierto frenesí y me la quité por arriba de la cabeza de un golpe, como si fuera el asiento eyectable de un avión. Vi a la criatura maléfica intentando huir al vuelo, pero, «¡ja!», la atrapé en un puño. Me sentí un gladiador delirante y sediento de sangre, arrojé a mi prisionero al suelo y lo pisé con furia.

Entonces recordé a mi público, confirmé en mi reloj que se había terminado el tiempo y «¿dónde quedó la camisa?». Levanté una mirada suplicante hacia el jurado y comprobé pasmado que la prenda blanca (un poco sudada también) había volado para hacer de turbante en una consternada cabeza presidencial. La sangre del rostro volvió a su sitio para delatar mi vergüenza…

La presidenta se quitó mi camisa de la cabeza con dos dedos y la depositó sobre la mesa sin doblarla. Luego deliberó con las demás profesoras entre gesticulaciones discretas y mandíbulas en fricción; parecían las tres diosas del Destino escrutando el hilo de mi vida con sus tijeras… Me puse la chaqueta y esperé con los brazos cruzadísimos. *Vabbè,* terminó mi carrera antes de que empezara… Tampoco tenía talento para esto. Y lo peor de todo es que Claudia está aquí, presenciando la peor humillación de mi vida…

Solo pasaron unos minutos cuando la presidenta de la comisión se levantó de su asiento, a la vez que terminaba de tomar unas notas. Se bajó un poco las gafas hasta situarlas en mitad de su nariz y sentenció, con tono alto, gangoso y solemne:

—Señor Matteo, su latín es, por decirlo en un modo prudente, exótico.

Se subió las gafas y añadió:

—No es usted Keats ni Goethe, que probablemente conocieron este templo de la cultura, pero podemos vislumbrar que tiene usted madera de artista. Muy en bruto, muy incipiente, pero de artista al fin.

Abrí grande los ojos.

—Hmm —siguió diciendo ella—. Felicitaciones, usted ha aprobado el casting de actores de teatro en latín. Bienvenido al Instituto.

El público respondió con un aplauso mortecino (no sé si para celebrar mi talento o más bien para celebrar el hecho de que hubiera terminado con mi presentación). Busqué a Claudia con la mirada en la última fila y me emocionó ver que ella aplaudía con interés. El resto de la realidad perdió nitidez: ¡me estaba sonriendo!, y luego ¡me guiñó un ojo!, ¿o sólo le picó el párpado? Es igual, me emocioné como si el propio Marco Aurelio hubiera bajado en una nube para besarme la frente y me rascara sin querer con su barba de emperador.

Pero, *hominem te esse memento!*, algo me recordó que era hombre: el tercer mosquito estaba detenido, amenazándome, sobre el dorso de mi mano. Dudé un momento. Saqué un pañuelo del bolsillo con la cautela de un leopardo, cubrí a la criatura con un movimiento relámpago… y no apreté. En cambio, le di las gracias y lo dejé volar. Y ese gesto me pareció un símbolo de lo que estaba a punto de hacer conmigo mismo. ¡Era mi oportunidad de volar! Pensé en saltar desde la tarima para intentarlo, pero mi delirio no me llevó a tanto.

Debía volver a ocuparme de las necesidades del corazón, abandonar el nido, volar; dejar de sobrevivir y ¡vivir! Quise conocer mejor los intereses de Claudia y hacerlos míos; pasar tiempo con ella para conversar, conocernos y seguir conversando, ¡cuánto tiempo perdido!, ¡y qué lentitud más inmadura la mía! Pero, ¿por qué diantres ella tendría interés en salir conmigo? Misterio de fe.

Bajé las escaleras de la tarima y me dirigí a paso largo hacia el asiento de Claudia. Me sentía feliz, seguro como nunca, lleno de esperanza.

—¡Claudia!, no lo puedo creer. ¡Qué casualidad que hayas venido!

—¡Sí! Tu mamá me dijo que había recital, pero no me dijo que estarías tú... Y además pensé que sería un recital de música...

—Ah, ¿viniste por eso? —Me pareció extraño, cierta decepción recorrió mi sistema neuronal. —¿Y te interesó por mi presentación?

—No, no, jaja, el latín me queda bastante lejos. ¿Pero sabías que Miguel Bosé grabó aquí el videoclip de la canción "Amante Bandido"?, ¿no te parece emocionante?

—Ah, ¿solo eso?... Bueno, ¡lo importante es que viniste! ¿Te puedo invitar una copa de *vino rosso frizzante*? Necesito pedirte perdón por, ejem, ciertas negligencias...

—No quiero discursos, Matteo. Pero vamos, invítame también un pastel de avellanas, que almorcé poco. ¿Y no quieres hablar antes con la profesora para ver los detalles de tu incorporación a la obra de teatro?

—Hmm, mejor no. No quiero seguir escapando.

CAPÍTULO 6

El accidente.
(Il Tevere)

INTUÍA que declarar mi amor sería algo espantoso, pero la realidad superó los pronósticos de mi imaginación.

Después de 3 meses saliendo con Claudia —¡glorioso día en que la Biblioteca Angelica me devolvió a la vida! —, me fijé en las huidizas palabras que silbaban en el fondo de mi alma y tracé un plan para darles salida: juntarme con la chilena en la entrada de la *Corte di Cassazione* después de mi alegato, o en el puente *Umberto I*, que está en frente, para caminar luego hacia algún restaurante caro. O, bueno, caro no, pero sí en alguno donde sirvan un *pranzo* de verdad. Nos entendemos. En concreto, pensaba ir a un local que me recomendó mi padre, donde ofrecen los mejores *bucatini all'amatriciana* de Roma a un precio civilizado.

Pero cuando llamé a Claudia para hacerle la invitación, ella me interrumpió en la quinta palabra y me propuso una idea desconcertante… Y lo hizo con tanto encanto, carisma y resolución, que me dejó boqueando como a un pez globo.

L'amore, l'amore, ¿a dónde vamos a parar con esta irracionalidad? Claudia me sumerge, me arrastra hacia zonas desconocidas de mi interior, es como un espejo para los puntos ciegos de mi personalidad; más o menos como Beatriz hizo con Dante, así Claudia me orienta hasta el fondo de mi propio yo. Por ejemplo, aunque tengo el hábito de lavarme las manos antes de cada comida, de no masticar caramelos para evitar incubaciones de caries y uso hilo dental incluso después del desayuno, ella me llevó a "almorzar", ¡con un pícnic!, a una pequeña plataforma de madera que flota sobre el Tíber (o quizá es un muelle en desuso, o una balsa para gaviotas enfermas del estómago, no estoy seguro). Uf, no sé cómo es que no me entero de estos cosas, ella lleva un par de meses aquí y ya conoce Roma mejor que yo. ¿Y por qué fui? ¿Será que mi yo verdadero a fin de cuentas no es tan tiquismiquis?, ¿se estará obrando una cierta evolución en este personaje de traje gris?

Total, pensaba en estos expedientes, en las tonteras que uno hace para aprender a amar a alguien, mientras desplegaba un pañuelo desechable sobre las tablas mohosas que servían de asientos en el muelle para sentarme encima. Fue cosa de acomodarme y ponerme de buen ánimo, pero luego el papel absorbió agua y al poco rato la transmitió por capilaridad hacia la tela de mi pantalón. Y también a la capa siguiente. En ese momento mi ánimo se volvió a agriar. Además, en vez de respaldo había unas cuerdas tensadas que hacían de barrera, y me hicieron la misma jugarreta al comunicarme su humedad por la espalda…

Ambos adoptamos posiciones extravagantes: yo intentaba no apoyar la espalda en esas cuerdas gruesas y flojas, mientras que Claudia se recostó con los brazos estirados sobre ellas como si estuvieran trenzadas con seda persa.

Pensé en quitarme la chaqueta para que ella viera mejor la camisa informal a cuadros rojos y blancos que me había puesto para expresar mi solidaridad con el picnic, pero el frío me detuvo. Se me ocurrió un punto intermedio: la abrí y me aseguré de que se viera bien el color que había debajo... Porque, por cierto, a todo esto se sumaba la incertidumbre del clima, pues, siendo otoño, las nubes pueden cambiar de humor de un momento a otro. Entonces me di cuenta de que el primer botón de mi camisa estaba desabotonado y procedí a solucionar ese inconveniente; en ese momento ella se rio:

—¿Qué tal si te la quitas para que la usemos de mantel? —sugirió con voz sibilina.

No le hice caso.

Por cierto, esto me recuerda un viejo debate. Cuando hablo entre amigos sobre mi política de higiene personal, algunos incautos ironizan diciendo que parezco suizo. Ellos se ríen, pero yo pienso que con eso solo revelan que su sensibilidad está en ascuas, o que envidian a los suizos. Tuve una incomprensión similar en mi primera entrevista de trabajo para un estudio jurídico. Me preguntaron por "mi mayor defecto" y como no estaba preparado, respondí con espontaneidad: «Soy demasiado prudente». La comisión sonrió. Luego manifestaron su interés por conocer "mi mejor virtud". Otra vez me tomaron por sorpresa y me sinceré: «La virtud en que más he adelantado, hasta alcanzar ciertas cotas de perfección, es la humildad». Entonces los tres letrados estallaron en una vulgar carcajada y me felicitaron por mi sentido del humor. Yo les agradecí, pues esa observación también era precisa. No me contrataron. De todos modos, dos meses después conseguí trabajo en un despacho que lleva asuntos corporativos y desde entonces me ha ido, modestia aparte, mucho mejor de lo que me hubiera ido en esa oficina de bárbaros.

Pero me estoy yendo por las ramas ("o por las raíces", como me sugeriría más amablemente don Giorgio). Te estaba hablando del "almuerzo" en bolsitas con Claudia. Pues bien, con todos estos contratiempos me sentía bloqueado para cumplir mi propósito central: ¿Cómo diantres declarar mi amor tímido a esta mujer?

A ver si me explico mejor. Después de vernos en encuentros de lo más variados y, me permito añadir, también agradables (sobre todo para ella), tuve la certeza moral de que debía oficializar esta próspera relación con Claudia. Lo digo con seriedad, pues yo no soy de esos jóvenes modernos que descuidan la justicia en su vida social, ¡lejos de mí esa torpeza! Lo que me frena, sin embargo, es otra cosa: que no merezco una mujer tan bella, espontánea y alegre como Claudia.

Además, y esto no es ninguna tontería, ¿qué pensará ella de mí? ¿Y si me quiere sólo como amigo? ¿Si le gusto, por qué le gusto?, ¿será posible que le guste? ¿Qué ve en mí que le parezca atractivo? ¿Qué tengo yo que mi amistad valora? No quería deliberar más, pues eso solo me llevaría a seguir procrastinando. ¡Basta! Había llegado la hora de arriesgar, por tres razones: la humildad es la verdad, yo soy humilde y Claudia es mi verdad.

No quería proponerle que fuese mi *fidanzata,* pues eso sería muy precipitado. Quería invitarla a que fuera mi *"pre-fidanzata".* Este concepto no existe todavía en nuestra cultura, pero debes admitir que en mis circunstancias era una invención de lo más conveniente. Lo primero en la vida ha de ser la prudencia.

Allora, cuando extrajimos los bocadillos de nuestras bolsas, me impresionó el relajo de Claudia. Ella disfrutaba, aun teniendo los brazos enredados entre las cuerdas, y miraba lejos, fascinada con el paisaje. «¿Te gusta lo que ves?, ¿te parece bello? Algo así es lo veo yo en el fondo de tus ojos», pensé decirle, pero dejé pasar la idea para otro día. Al menos aproveché su distracción para sugerirle, como primer gesto romántico, que intercambiáramos las bolsas… ella aceptó la mía sin siquiera mirarla y yo conseguí así un contenido muy superior al pobre *panino* con jamón que me había preparado con prisa, pues aunque era alargado, blanco y grande, llevaba dos o tres días perdiendo su lozanía en la nevera.

Claudia es un espíritu libre y en todas las cosas descubre belleza escondida, aunque espero que en mí la haya encontrado también en la superficie… Mientras ella contemplaba el entorno, yo sufría observando de reojo los *graffiti* en los *muraglioni*, la viscosa capa de hojas que cubría la orilla de adoquines y el feroz abandono de la plataforma en que estábamos sentados. Quizá lo peor de todo era el río sobre el que flotábamos, tan denso y oscuro que temí la posibilidad de ver a Caronte remando en nuestra busca para llevarnos al infierno.

Pero Claudia es artista y perdonaba los "detalles" de suciedad "que son inevitables en cualquier taller de arte, sobre todo en uno tan antiguo como el de Roma". A veces pienso que ella absorbe el ambiente como el alimento: le gusta sacarse fotografías delante de los monumentos, o *selfies* con el león de *Piazza Navona*, como si quisiera transferir parte de esa belleza a su propia imagen. Quizá por eso sus ojos son tan fulgurantes.

¿En qué estaría pensando, con la mirada perdida en el cielo nublado? Seguramente en que nuestras figuras brillaban como dos gotas de rocío en este otoño precoz. Lo suyo es la grandeza de alma, ¡vaya que la quiero!, ¡oh, sí! A pesar de que la conozco bien poco... Pero su personalidad, tan despierta y a la vez distraída, me cautiva; tiene un espíritu tan amplio que puede acoger el mío sin dificultad; ¡cuánto me hace descansar! Qué suerte tiene de vivir así, tan desprendida del futuro. Junto a ella mi corazón se acelera, mi alma renace y mis sentimientos se elevan. Sí, esto no es solo un amor a primera vista, aquí hay mucha más tela que revisar. Y además, lo reconozco, mi entusiasmo estaba patrocinado por el sorprendente *panino* con aceite de oliva, tomate y cebolla acaramelada que acababa de masticar.

Una cosa me inquietaba: Claudia no mostraba interés por lavarse las manos antes de comer. Mientras yo había sacado del bolsillo mi botellita de alcohol gel, ella, en cambio, estiraba de cuando en cuando los brazos detrás de las cuerdas y las apretaba con las manos, enjugando cierta agua amarillenta que allí habitaba. Asqueroso. Luego, mientras yo sacaba mi *panino* y lo sostenía con una servilleta, ella usaba los dedos de su mano derecha para limpiarse el barro que tenía adherido al pantalón (algo comprensible) y más tarde, ¡con la misma mano!, directamente y sin servilleta, ni alcohol gel, tomaba su *panino*... ¡Caramba! ¿Nunca le han explicado el drama de la transmisión de virus y bacterias hacia el organismo?

Quise reunir las ideas centrales del asunto para iniciar una exposición sobre microbiología, pero ella no daba tregua con las observaciones sobre el paisaje. La escuché, intentando no distraerme con sus palabras para continuar con la elaboración mental de mi clase, cuyo tema era mucho más urgente. Al cabo de un rato, me descolocó con un giro inesperado:

—Matteo, gracias por invitarme a este lugar. Aunque me sorprende que hayas optado por una alternativa tan *aventurera*.

¿Cómo que yo "opté"? ¡Si esta idea fue suya! Pero aproveché para otorgar otro triunfo a mi humildad y me resigné a sonreír. Ella continuó:

—Me gustaría que me saques una foto. —Iba a objetar la propuesta por su inoportunidad, pero ella añadió al vuelo—: ¡no ahora!, jaja, sino después de que terminemos de almorzar, tranquilo. Ahora, por favor, ¡mira el paisaje!, ¡qué espectáculo! La *Corte di Cassazione* quizá menos: es robusta, imponente, pero tan aburrida... —y añadió bajando la mirada— se parece a este pan con jamón...

Me hice el sordo tanto para evitar contrariarla con mi opinión sobre el edificio que me es tan querido, como para asegurar que no se arrepintiera del intercambio de bolsas que habíamos hecho. Gracias a Dios, ella siguió adelante con el análisis paisajístico:

—Ahora fíjate más a la izquierda, ¡el *Castel Sant'Angelo*! Es histórico: mausoleo de Adriano, castillo militar y refugio de papas. —Recuerdo que sus palabras eran de este tenor más o menos—. ¡Y su color!, su tono ocre combina con las hojas oxidadas de los plátanos orientales que rebalsan estos *muraglioni* y esparcen por el aire una sorda melancolía. Es un castillo enigmático, misterioso, hermético... como tú.

Yo estaba concentrado en el fortín, en los árboles y en qué quería decir ella con "sorda melancolía", cuando sufrí, como un martillazo de juez en la cabeza, el "como tú". Me atraganté y una ráfaga de tos salió despedida hacia el cielo como corchos de champagne, pero al volver la cabeza y encontrarme con su mirada coqueta, su media sonrisa, comprendí que sólo era una broma, así que me limpié la boca con otro pañuelo que saqué del bolsillo y no di más cuerda al asunto. Ella continuó:

—Si usamos el puente *Sant'Angelo* como un escalón para la mirada, alcanzamos la corona de la ciudad, ¡la cúpula de san Pedro!; ahí está, serena, discreta, inmortal... y, sobre todo romántica... Matteo, ¿por qué me invitaste a este lugar? —preguntó, dando otro giro rompedor de cintura, y adoptando un timbre más agudo, entre inocente y curioso.

Entendí que era mi oportunidad para declararme —¡no podía seguir viviendo en esa informalidad!—, y la ocasión, aunque no ideal, era suficientemente buena. Pero el temor me frenaba: ¿Merezco a Claudia?, ¿no me estará tomando el pelo? Es verdad que tengo más de treinta años, pero bueno, cada uno es como es, y estas preguntas me carcomían el corazón, me hacían temblar.

—Claudia, ¿has tenido novio alguna vez?

—Sí, tuve. Y no repetiría esa experiencia. Estoy mucho mejor así, libre como una bandada de estorninos. ¿Y tú?

—No. Digo, no todavía.

—Aww, es que eres tan calladito y remolón, ¡un niño grande!, déjame que te revuelva un poco el pelo, campeón.

Entonces ocurrió lo que más temía. Claudia se puso de pie sin darme tiempo para responder, elevó su mano derecha —la misma que había apretado la cuerda asquerosa, que había limpiado el barro del pantalón y que hasta entonces sostenía el *panino*— y la trasladó por el aire con el temerario propósito de ensuciar mi pelo. Tuve una reacción instintiva de defensa personal y antes de que sus dedos tocaran mis cabellos, me levanté de un salto para esquivar su error.

Cuando me di cuenta de la ambigüedad de mi reacción, ya era tarde. Las glorias de los minutos anteriores colisionaron con el prosaísmo del presente y la dulzura de Claudia se transformó en un estallido de victimismo. Ella se levantó también y me increpó:

—¿Qué pasa?

—Nada, de hecho justo quería explicarte el problema de los virus y las bacterias…

—¡Bah!

Intenté explicarme, pero mis palabras no cabían entre las suyas y mi rubor solo empeoraba la situación. Ella dominaba la escena verbal y gesticulaba de un modo que quizá aprendió de mis compatriotas cuando se enfadan al volante, o tal vez en algún ejercicio de zumba. Di un paso atrás, con la mala suerte de que justo había un tablón torcido en el suelo y tropecé. Perdí el equilibrio, caí de espaldas contra las cuerdas nauseabundas y como estaban flojas, cedieron un trecho. Parecía que me iban a sostener, pero en el último momento me terminaron de traicionar y caí al río con un estrepitoso *splash*. Entonces mi traje, mis zapatos, mi móvil y mi propia humanidad conocieron íntimamente la oscura y viscosa agua del Aqueronte.

—¡Perdón! —escuché decir a Claudia cuando surgí a la superficie con un resoplido cetáceo—. Afírmate bien, te rescato en un momento —agregó, nerviosa.

Agarré como pude un extremo de la cuerda que había quedado flotando para resistir la corriente, puse un pie en la ladera de la plataforma y me aterró ver la densa capa de musgo que cubría la madera sumergida. Quedé en una posición arqueada, intenté trepar tirando la cuerda, pero ésta no oponía resistencia en el otro extremo: tiraba y tiraba como si sacara hilo dental de su cajita, hasta que llegué a quedarme con el otro cabo en la mano y me hundí de espaldas. Tuve que afirmarme en las vigas de madera enmohecida, abrazándolas como un koala.

Claudia se movía como leona enjaulada, pero solo conseguía agitarse de un lado a otro sin decidirse por nada concreto. La entendí perfectamente. Al final se acercó y me ofreció la mano. Yo estiré la mía, pensando que ella se habría afirmado de algo sólido por el otro lado, pero cuando hice fuerza para subir, ella cayó al río también. Y además me hizo soltar la viga. Total, quedamos abrazados torpemente en el agua, luchando por respirar e intentando nadar contra la corriente, que ahora nos estaba llevando como a dos barquillos de papel río abajo.

Fuimos arrastrados por debajo del puente *Sant'Angelo* y algunos turistas que pasaban por ahí, en vez de ayudar, nos saludaron con la mano y llamaron a otros amigos a presenciar el espectáculo. El mismo puente que habíamos llamado "escalón para nuestra mirada", servía ahora de palco para la curiosidad morbosa de esos diablos.

Claudia aullaba, manoteaba y se apoyaba en mis hombros y en mi cabeza; yo me hundía, tragaba agua y no podía calmarla. La situación era crítica y me arrepentí de no haber previsto la redacción de mi testamento. Me consoló pensar que morir así, abrazado a ella, sería un final muy digno para una vida tan gris como la mía. Igual me acordé de pedir ayuda a mi ángel de la guarda.

En cuanto terminé la oración, nos cayó una cuerda en la cabeza. La alcancé con una mano, abracé a Claudia con la otra y, gracias a Dios, en el otro extremo de la cuerda había un hombre que nos recogía hacia la salvación.

La orilla se hacía realidad, nuestros ánimos se restablecían y vislumbré la silueta de nuestro héroe. Era un sujeto desharrapado, algo jorobado, un sombrero viejo le ensombrecía el rostro y jadeaba con un silbido que se infiltraba por los dientes. Llegamos al borde, nos tendió la mano y con una fuerza asombrosa para su escuálida contextura física nos subió a tierra.

Con Claudia nos tomamos unos minutos para recuperar el aliento y destilar la ropa. Luego, un poco más recuperados del shock, me acerqué a nuestro bienhechor y le estreché la mano con fuerza. «¿Cómo recompensarle?», pensé. Y con una resolución desconocida para mí, pedí al hombre que me esperara un momento, corrí los cien o doscientos metros que nos separaban de la plataforma en que nos habíamos instalado, volví con las dos bolsas de comida y se las regalé. Me felicité por la idea: él quedaría feliz con ese picnic y nosotros nos podríamos ir al restaurante que me recomendó mi padre.

Pero el *barbone* me miró extrañado y Claudia intervino:

—Ay, Matteo, esas bolsas son para nosotros —se quejó mientras me las quitaba—. Ahora dame tu billetera.

Se la di, ella la invirtió para dejar caer el agua que había acumulado y sacó luego un billete de cincuenta euros.

—Tome, buen hombre, para que vaya a comer a algún buen restaurante.

Él se emocionó, abrazó a Claudia, luego quiso abrazarme a mí...

—No se preocupe, de verdad...

Pero él insistió con su mirada y me abrazó igual. Entonces vi, detrás de su hombro, que había gente debajo del puente: una mujer sentada sobre una manta estaba acurrucando a un niño pequeño entre sus brazos. Y ese niño, las coincidencias de la vida, estaba envuelto con la antigua parka marrón que yo regalé a un *barbone* en Navidad. Di un paso atrás para mirar otra vez al mendigo, él levantó la cabeza de modo que su rostro se iluminó por debajo del sombrero y entonces recordé que él, meses atrás, me había ayudado con una oración en la Plaza de San Pedro. Fue tal mi conmoción que lo volví a abrazar, esta vez apretándolo y dándole las gracias por haberme salvado la vida por segunda vez.

Claudia tuvo que pincharme en la costilla para que lo soltara. Nos despedimos y nos alejamos en silencio; estábamos mojados y teníamos frío. Podríamos haber muerto y yo… ¿dónde tengo la cabeza?, ¿de qué minucias de la vida me preocupo tanto? Soy un afortunado por haber conocido a esta linda flor chilena, el *copihue* es la más bonita según los libros, quise estallar en una poesía de amor, cantarle mis torpes emociones, pero opté por el lenguaje no verbal: tomé sus manos, nos detuvimos uno frente al otro, dejé pasar entre nosotros algo de viento fresco, escuché el graznido de una bandada de gaviotas, agradecí que Dios nos subiera un poquito el *dimmer* de intensidad de luz solar, recogí una masa de musgo y barro que había sobre su hombro y lo trasladé a mi cabeza. Era una manera simbólica de volver al momento previo a la caída al agua, pedirle perdón y mostrarle que estaba dispuesto a cualquier sacrificio con tal de expresarle mi amor. Ella me estaba haciendo cambiar como persona, y si quería ensuciarme la cabeza con sus manos bañadas en agua amarillenta de cuerdas viejas, ¡que lo hiciera! Me incliné con una reverencia de 30 grados y le pedí que esparciera aquello por mi pelo, tal como ella hubiera querido hacer antes de que nos cayéramos al río. Ella sonrió, aprovechó la oportunidad y atacó con gusto, fuerte y con las dos manos, como si se tratara de revolver la ensalada. La interrumpí irritado al cabo de pocos segundos y balbuceé:

—Yo... —Claudia abrió mucho los ojos.

—¿Tú?

—Yo... —me costaba mucho decirlo— Yo...

Ella leyó dentro de mis ojos y me animó:

—Tendrás que decirlo, no sé telepatía.

La abracé, ella se dejó, nos reímos como tontos.

—¿Estás... llorando? —me preguntó.

—No, es que me estás pisando el dedo gordo.

Sonreímos. Me alejé un paso, lleno de dudas; otro abrazo, un beso tierno, elegante, discreto; nos tapó una nube, cayó una lluvia que no nos importó; de pronto tenía fuerzas para hablarle... y así quedamos de novios. Nada de "pre-novios", sino novios, *fidanzati*. Aunque por accidente.

SEGUNDA PARTE

Si vis amari ama (si quieres que te amen, ama).
Séneca, *Cartas*, 9, 6.

CAPÍTULO 7.

Silencios peligrosos.
(Giardino degli aranci)

NUNCA imaginé que la felicidad existiera en tal alto grado. Estar con ella, pasar tiempo juntos, caminar tomados de la mano... todo esto era un transporte, algo así como un ascensor hacia el cielo. Ciertos autores recomiendan noviazgos largos, y no puedo estar más de acuerdo. Pero con Claudia no hay teoría que valga, y mi entusiasmo de *fidanzato* pronto sufrió una luxación. El contratiempo ocurrió uno o dos meses después de nuestro "accidente", durante una cena soporífera que tuvimos en la cima del Aventino con ocasión del matrimonio de Leonor, una amiga de Claudia.

Cuando subieron por fin el volumen de la música y eligieron canciones más capaces de infundir vigor en los seres vivos presentes, me sorprendió sentir el deseo de sumarme al baile. El ritmo alteró los latidos de mi corazón. La gente empezó a saltar de sus asientos para aglomerarse en la pista iluminada por los focos y las primeras estrellas de la noche. Yo hice un ademán juguetón de querer seguir esa corriente, pero Claudia me sujetó del brazo, con mano fría e inapelable, y adoptó una expresión nebulosa que me preocupó. Estaba mirando algo en el teléfono y cuando me volví hacia ella, me habló:

—No lo puedo creer. Me dijeron que sí.

—¿Qué? —pregunté.

—Me ha pasado algo muy extraño, Matteo. Aunque emocionante a la vez.

—¿Qué pasó? —insistí.

Quería explicarlo, pero le faltaban las palabras. Levantó las manos, las batió como una mantis religiosa, abría y cerraba la boca, y al fin me dijo:

—Parece que vuelvo a Chile.

Mis pies se detuvieron, los latidos desvariaron y mi frente se plegó como un abanico japonés.

Ella confirmó su mensaje con un asentimiento.

No podía ser, ¿qué estaba pasando? Sus palabras me afectaron como gotas de limón en la herida. Me sentí como esas caricaturas a las que se les cae la mandíbula de abajo y se les desenrolla la lengua como una alfombra roja interminable.

—¿Cuándo? —añadí casi con un pitido de voz, todavía preso de la consternación.

—Ni qué, ni cuándo. Pregúntame por qué te lo digo —sugirió, tranquila y sin quitar su mano de mi brazo, como si temiera que me pudiese escapar.

Lo abrupto de la noticia y mi congoja contrastaron con el lugar y la fiesta. Ya dije que estábamos en el Aventino, y que llevábamos ahí varias horas de lujo. Habíamos participado en una ceremonia matrimonial con un coro bien intencionado en la Basílica de Santa Sabina, y acabábamos de cenar en el belvedere más romántico de la ciudad: el *"Parco Savello"*, más conocido como *"Giardino degli aranci"*. ¡Sublimes horas y extraño desenlace! Digamos que, en ese momento, mientras el cielo estrelleaba, yo me estrellaba.

Las horas anteriores a la misa habían sido todavía más entrañables. Llegamos al parque con mucho tiempo de antelación y aprovechamos de "pololear un poco", como dice Claudia: es decir, nos dimos un baño de brisa fresca mientras paseamos tomados de la mano sobre las piedrecitas blancas del camino, con pisadas que las agujas de pino secas se encargaron de amortiguar. Fuimos cobijados por la sombra de los altos pinos marinos y acogidos por el aroma del bosquecito de naranjos que hacía de "primer techo" por debajo de las copas de los pinos. Una hora antes de cenar, habíamos apoyado los codos en la barandilla de la terraza para admirar la cúpula de la Basílica de San Pedro, esa magnífica mitra episcopal que flota en el horizonte a la vez cerca y lejos. Allí estuvimos en silencio, ella musitando canciones y yo peinando sus cabellos con mis dedos y soñando con la posibilidad de vivir en un presente perpetuo.

Cenamos temprano, sentados en torno a una mesa redonda con mantel blanco y con vistas al cálido crepúsculo de luz amelocotonada que caía sobre la ciudad. Nos acompañó gente agradable, aunque a mi izquierda se sentó un gordo que miraba mi pan con tanto interés que tuve que cambiar el platito de lado. ¡Todo parecía tan auténtico! Sin embargo, como va quedando claro en esta historia, Claudia habita en un mundo interior que marcha a una velocidad completamente distinta del mío.

—¿Es en serio?

—Totalmente en serio. Me ofrecieron un trabajo, Matteo, uno muy bueno.

—¿Te ha ido mal con los cuadros?

—No es eso, pero lo que me ofrecen allá es *a-lu-ci-nan-te*. Te cuento —Liberó mi brazo para acompañar su inusitado entusiasmo con gesticulaciones—. Esta tarde me llegó un mail del rector de la Pontificia Universidad Católica de Valparaíso. Como oyes, así de largo. Me invitaba a trabajar en el Instituto de Arte; a ser profesora con bastante tiempo libre para crear y avanzar en mis proyectos. Me decía que había revisado mi perfil en *LinkedIn* y que se había alegrado de ver a una exalumna de la Universidad con estudios en Milán. Supongo que habrá visto también mi cuenta de *Instagram* y le gustaron las fotos de los cuadros que he publicado ahí; en uno de esos estás tú, ¿recuerdas?...

—¿Eso era lo que estabas mirando en el teléfono?

—Bien. Me vas siguiendo. Yo le respondí preguntando por la fecha de entrada al trabajo, también para cachar qué tan segura era la propuesta. Y me acaba de escribir para invitarme a empezar ¡dentro de tres semanas!, ¿bacán, cierto?

Cuando escuché lo de las tres semanas sentí un calambre en las costillas. Temí caer derrumbado por un infarto al miocardio.

Parecía una buena oportunidad profesional para ella, ahí había un punto. Y sabía, sobre todo, que en las discusiones con Claudia hay siempre dos posibilidades: o ella tiene razón o yo estoy equivocado. ¿Cómo orientarme?

—A ver, Claudia, entiendo, pero ¿qué va a pasar con lo nuestro?

—Por eso te digo que lo estoy pensando. Podríamos seguir pololeando por *Zoom*, muchos lo hacen así, tampoco es tan dramático...

Las estrellas del cielo titilaron nerviosas.

—Yo no soy de pololear por *Zoom*, eso sí que no. Claudia, por favor no me hagas esto —insistí, recordando con temor esas palabras de Propercio: *"Quantum oculis, animo tam procul ibit amor"* (el amor se situará tan lejano del alma como de los ojos").

Es inevitable que la lejanía debilite el amor, pensé. Si nuestros ojos se distancian, me sentiré exiliado en mi propia patria. Es extraño, nunca había experimentado un sentimiento de desolación tan intenso, tan ardiente, ¿en quién me estoy transformando? Por otro lado, ¿cómo llegaré a conocerla lo suficiente como para saber si ella es...? De pronto otra duda me asaltó: ¿Y si tiene más motivos, distintos del profesional, para pedirme esta separación?

—También me puedes ir a ver, tan lejos no es —argumentó ella, saliendo al paso de mis cavilaciones con una sencillez que me desarmó.

Ahí me entró el hipo. Claudia me acercó un vaso de agua, aunque sin su sonrisa habitual, y yo lo bebí recordando el heroísmo de Sócrates cuando se tomó la cicuta. No estaba preparado para sostener una conversación sobre este asunto, así que saqué una bandera blanca provisional:

—Mira, si prefieres irte, lo entenderé. Pero y yo, ¿qué hago?

—¿Ése es tu deporte favorito, no?

—¿Cuál?

—Pensar en ti —Sus ojos nebulosos se solidificaron en hielo—. Tú tienes la vida arreglada, en cambio yo estoy empezando y a ratos la incertidumbre del futuro me hace perder el hambre.

A mí me pasa algo similar con eso de la preocupación por el futuro, aunque mis síntomas son diferentes, más inútiles. Y ahora ¿cómo ganar tiempo para idear una réplica decente? Se me ocurrió que ver el lado positivo del asunto podría ayudarme a salir del paso, y entonces cometí un error catastrófico.

—Pero, bueno, Claudia, eso de que la incertidumbre te quita el hambre puede ser útil para…

—¿Para qué? —saltó ella, quebrando mis palabras con lengua de martillo.

—Digo, estás regia, no es que… A ver, quiero decir que como las mujeres están siempre atentas a las dietas, yo pensé…

—¿Qué pensaste? —replicó con voz seca y levantando las cejas tan alto que se le escapaban—. Yo nunca he hecho una dieta. ¿Piensas que debiera meterme en una?

Me di cuenta de que había entrado de cabecita en un cepo y ahora estaba atascado… ya la veía levantar el cuchillo carnicero para rebanar mi cuello. El chiste machista que solía hacer mi padre me pareció en ese momento un fraude: ése de que las revistas de mujeres suelen dividirse en dos partes, en la primera hay recetas de cocina y en la segunda dietas para adelgazar. Un bluf. Claudia come más que yo y no engorda nunca, debí haber tenido eso más en cuenta.

—A ver, a ver —Me arremangué la camisa para focalizarme en la supervivencia e inicié una estrategia argumentativa abriendo con pregunta retórica—. Claudia, la belleza es una cuestión relativa al canon de cada época, ¿quién juzga cuál es el peso perfecto para una mujer? Si nos remontamos a Policleto...

—Matteo, olvídate —Creo que reprimió una sonrisa y entonces sintió un impulso que me salvó como la campana en el box—. Mejor vamos a bailar. Todavía tengo que enseñarte algunos pasos, y para concentrarte debes callar.

Apreté los labios para dar una impresión ambigua de confusión, como para controlar los daños, pero por dentro me sentí más aliviado que adolescente que encuentra wifi después de un viaje en autobús sin conexión. Decidí que buscaría más tarde algún artículo en internet sobre la delicadeza de las mujeres, o algo relacionado que me diera pistas sobre cómo darles ánimo en situaciones difíciles. Aunque a estas alturas ya había leído suficiente: yo mismo podría escribir el articulito ése.

En todo caso, ¿cómo es que ella vuelve a Chile justo ahora, cuando íbamos tan bien?

¿O no íbamos tan bien?

Quizá me deja porque me llegó a conocer... En ese caso puede tener razón en alejarse. Dicen que los noviazgos son exitosos cuando acaban en matrimonio, o cuando simplemente acaban. Pero este viaje de Claudia me deja en el limbo...

La seguí hacia la pista de baile, aunque mi cabeza giraba en otra órbita. «¿Será cierto que estoy siempre pensando en mí?», esta pregunta fue el estribillo que recorrió cada recoveco de mi alma. Un estribillo mareador, considerando que era una pregunta sobre mí mismo. «¿Será ésta la causa de mi crisis de soledad?», nunca había llegado tan hondo en la meditación. Siempre atascado en la pregunta uno, y ahora saltando a la pregunta tres o cuatro.

Al rato nos relajamos. Ella antes que yo, quizá por sus risas con mis torpes pasos de baile, y nuestra relación volvió al cauce de la paz, aunque el problema de su posible viaje, que quedó sin resolver, envenenaba mi corazón como un líquido negro. ¡¿Qué haré en estas tres semanas?!

Terminó la fiesta, la acompañé a la puerta de su edificio. Una puerta grande, de madera oscura y vieja, algo roñosa incluso.

—¿Matteo?

—¿Sí?

—Si te cuesta mucho lo del viaje, no te preocupes.

—¿No prefieres que hablemos de esto en otro momento?

—Como quieras. Solo te digo una cosa. Si no te gusta el *Zoom*, yo lo puedo entender. Bastaría que nos tomemos un tiempo…

—Por favor, Claudia. Lo hablamos otro día más tranquilos.

—Muy bien, ¡adiós!

Y ahí quedó el tema de su viaje, latiendo, latiendo, atento para volver a estallar en otro momento.

Capítulo 8.

¡Salta!
(Via Margutta)

Dos semanas después, salía cansado del despacho y regresé a casa caminando para despejar la cabeza; quería liberarme por una hora del estribillo que Claudia había dejado clavado en mi pecho. Serpenteaba por la *Via del Babuino* con las manos en los bolsillos y la mirada perdida, cuando, poco antes de llegar a la *Piazza del Popolo,* sentí la atracción del cartel que indica la *Via Margutta.* Petardeos de Vespa sonaron en algún callejón. Miré mi reloj, *tempus fugit irreparabile,* y acepté la oportunidad que me ofrecía la noche.

Via Margutta es especial, según dicen las guías turísticas, pues siempre seduce con un fulgor nuevo. Es una calle estrecha y silenciosa (a pesar de su proximidad con las arterias turísticas), y muy conocida por su hospitalidad con las artes: ella vio florecer a artistas y artesanos de la ciudad, conoció escuelas y personajes del mundo como Goethe o Picasso, y dio hogar a Fellini en sus últimos años de vida, hasta que murió, por cierto, un día después de haber cumplido 50 años de matrimonio con Giulietta Masina. Considerando que falleció a los 73, eso significa que se debe haber casado joven para llegar tan lejos… pero mejor no hablemos de eso.

Hoy en día *Via Margutta* sigue siendo una calle encantadora que ofrece galerías de arte, hoteles y restaurantes. Me apoyé en el muro de la esquina y admiré los edificios de color naranja, pastel o crema, tonalidades que contrastan con el verde oscuro de las enredaderas que trepan por las paredes, y con el violeta intenso de las buganvilias que bailan entre las paredes y los faroles negros que brotan del muro como cornamentas de ciervo. Era un paseo mágico, incluso refrescante.

«¿Por qué Claudia se quiere ir?», la preocupación me invadió como un escuadrón de caballería celta con antorchas y tambores, turbando el silencio de mi refugio nocturno.

Me falta añadir un dato para que comprendas mejor mi abatimiento: el día siguiente de haber participado en el matrimonio de Leonor saqué a pasear a Claudia por la *Villa Borghese*. Era una mañana de domingo maravillosa. Tomé sus manos debajo de unos magnolios engalanados con sus últimas flores blancas y al pensar en su viaje, y en la posibilidad de mi egoísmo, el miedo volvió a inundarme. Atónito, bajé la mirada.

—¿Por qué no me hablas, Matteo? Desde que te dije que me ofrecieron trabajo en Chile estás rarísimo, dime algo. ¿En qué piensas?

No respondí. Ella continuó:

—No sé… aunque eres un buen tipo, a veces pienso que no me quieres.

Entonces escuché un crujido en mi corazón: un sonido similar al que oyes cuando rompes una galleta y luego la trituras con las muelas. Claudia me levantó la cabeza por el mentón y al verme tan desolado se asustó un poco. Auscultó quizá el gemido de mis ojos, o notó que sus palabras me habían afectado en un nivel que ella no alcanzaba a medir. Deseaba rogarle que se quedara en Roma, quería manifestarle el apasionado interés que sentía por su compañía, pero el temor, el despecho e incluso la cólera me drenaban las fuerzas. «¿Qué será de mí si me deja?», me atormentaba pensando; «estoy en un callejón sin salida, cuyos muros se estrechan y amenazan aplastarme como a una estampilla descolorida».

Volvamos entonces a mi paseo por *Via Margutta*. Me detuve en una vitrina, luego en otra, entré en una galería pictórica, consulté precios y hasta pregunté por los artistas del momento. De pronto encontré una tienda especial, no tanto por el arte que ofrecía, sino porque al otro lado del cristal se adivinaba la joven y bella figura de la vendedora. Eso capturó mi subconsciente y entré.

Una vez dentro, respiré un reconfortante aroma a laurel y eucalipto. Se exhibían pinturas de un artista milanés, casi todas representando escenas románticas en clubes y cafés de la Ciudad Eterna. Los dibujos eran expresivos, filtrados por un azul intrigante, como de pasión contenida. Me dejé absorber por el torbellino de colores y comencé a sentir que mi corazón palpitaba con más fuerza, mis energías volvían, la esperanza se renovaba.

—*Buonasera, come posso aiutarla?*

Volví en mí y me encontré con la sonrisa inteligente de una joven. Era morena y llevaba un vestido verde y largo que parecía disfraz de ninfa del bosque. La reconocí de inmediato:

—¡Leonor! No es posible, soy Matteo, el novio de Claudia.

Una coincidencia insólita... ¡La misma Leonor que nos invitó a su matrimonio! Me observaba con expresión altiva y profesional; solo levantó una ceja en señal de serenísima sorpresa. Parecía desengañada e independiente. Mi posición de socio en la oficina y mis esfuerzos por mantenerme en forma enviaron sus mensajes respectivos a mi cabeza y adopté un perfil galante. Levanté pecho, hundí la barriga y, ejem, ejem, ¿qué tal estás?

—Sí, Matteo, me acuerdo de ti. Gracias por el regalo que nos hicieron; ya se lo dije a Claudia, colgamos su cuadro en la cocina.

—Qué bien. Sí, está teniendo mucho éxito con sus cuadros... —Bajé los ojos, pero rápidamente reaccioné—. Por cierto, no conocía esta galería, tienen una exposición muy bonita. Tienes suerte de trabajar aquí.

Vi que mis palabras eran recibidas con agrado, pero dudaba de la causa: «¿Le habré gustado un poco o actúa así por *marketing*?», pensé. La vanidad me sugería lo primero. Entonces ella respondió:

—Así es, pero yo no solo trabajo aquí, también soy la organizadora de la muestra.

—Hmm —Volví a bajar los ojos.

—Perdón por la pregunta, pero ¿cómo van las cosas con Claudia? Me contó que se vuelve a Chile... —comentó, apoyándose en la pared como para animarme a la confianza.

—No lo sé... —suspiré, derrotado.

—Vaya, lo siento.

—Hummm.

Mi deliberación interior se disparó. A Claudia le manifiesto mi afecto por medios discretos, no tan vergonzosos como las palabras, ¡pero clarísimos! Sin embargo ella duda de mi amor. Leonor pareció leer algo en mi interior, pues no esperó mi respuesta para intervenir:

—Sabes que conozco a Claudia y hemos conversado sobre ti. No le digas que te conté, pero no me resisto a hablarte. Por algo entraste aquí, además. Mira, conozco a los de tu tipo. Durante muchos años tuve el problema contrario, sabía mucho de palabras vacías, que recibí por cientos, pero no había conocido un amor sincero. Incluso llegué a pensar que no existía. Hasta que conocí a Agustín, y entonces mi vida cambió... Tú pareces sincero, al menos Claudia te ve así, aunque quizá te pasas de discreto. Por no decir que te pasas de *frío*. ¿O me equivoco?

Carraspeé, me ruboricé hasta las orejas y respondí con voz ahogada:

—Tú... y estos cuadros —añadí para despersonalizar—, me han emocionado —Y salí.

Pero después de tres o cuatro pasos volví a entrar en la tienda, miré a la vendedora a los ojos y le devolví la sonrisa que ella me había regalado al principio:

—¡Gracias!

Leonor levantó la otra ceja. Salí al fresco y redoblé el paso, aunque cambiando el rumbo hacia el Trastevere. Todavía me inundaba el temor, pero con cada paso que daba me sentía más liviano. De pronto me di cuenta, horrorizado ante el reconocimiento de mi vulgaridad, de que nunca había dicho a Claudia, con palabras claras y distintas, que la quería. Puede parecer un problema absurdo, pues a estas alturas hemos caminado de la mano, hemos salido por aquí y por allá, hemos conversado sobre muchas cosas... entonces ¿por qué me detengo en el escalón uno cuando ya vamos en el cuatro? Pero aquí se trataba de algo distinto: ella quería saber cuánto la quería, pues estaba arriesgando mucho al entregar el precioso tiempo de juventud a un extranjero atípico. Ella necesitaba saber si la quería de verdad, y poniéndome contra las cuerdas tenía la oportunidad de medir mi amor. ¡Esto debe ser!, ¿cómo no me di cuenta antes? Solo tengo que poner toda la carne a la parrilla, mostrarle mis cartas, decirle claramente que la quiero y que en Roma no pierde su tiempo... Porque la quería, ¿no? ¿Buscaba su bien con todas mis fuerzas? Sí. ¿Fue ella la elegida que me presentó *Gesù Bambino*? ¡Sí! ¡La quiero más que a mí mismo! Y eso es mucho decir, ¡en mi caso esto es un auténtico milagro!

En este tipo de ingenuidades pensaba entonces. Y a veces ocurre que la ingenuidad resulta ser verdad... Por suerte tenía una buena caminata por delante para ir resolviendo estas paradojas.

CAPÍTULO 9

Claudia.
(Piazza Spagna)

El mismo día en que Matteo conversó con Leonor en Via Margu-
tta, Claudia, por su parte, tuvo una jornada barroca, que comenzó con
un encuentro tan importante como accidentado en Piazza Spagna. Su
diario está bien nutrido de detalles al respecto: los trazos son potentes y
a veces costó descifrarlos.

No sé por qué Rena me llama tanto últimamente; sus mensajes me caen en el celular como la lluvia en un techo de lata.
Hoy "me invitó" (¿significa que ella va a pagar?[4]) a tomar desayuno en el salón de té más caro de Roma, ese de la *Piazza Spagna*

---

[4] N. del T.: En italiano, invitar a alguien en el sentido de proponerle ir a un
lugar, se dice *"invitare"*, mientras que invitar en el sentido de pagar también los gastos del otro, se dice *"offrire"*. Claudia no recuerda cuál de las
dos palabras estaba usando su suegra, pero se alegró cuando le expliqué
esta distinción.

que por tener nombre inglés, *"Babington Tea Room"*, y poner letrero de antigüedad, "1893", te dan un *combo* en los dientes con los precios. Presentía que el encuentro iba a ser tormentoso, y no me refiero al clima, pues tener un poco de lluvia en octubre es previsible (no tanto para el turista promedio, pero sí para una chilena como yo que ha aprendido a desconfiar del servicio meteorológico de Roma).

Quedamos de juntarnos a las 9:00 y llegué con unos minutos de antelación (no vaya a ser que la señora también me critique por impuntual). Así que aproveché de arrojar una moneda en la *"Fontana della Barcaccia"* que esculpió el papá de Bernini en mitad de la plaza. Lo hice por tradición, y también para salpicar un poquito de agua a la presumida que llevaba unos diez minutos posando frente a la cámara de su novio. ¡Ja!, ¿se creerá Audrey Hepburn esa fresca? Mi broma no le hizo mucha gracia, pero su pareja sí que sonrió: seguro que estaba cansado en su papel de esclavo-fotógrafo y lo ayudé a descansar un poquito. ¿Cómo se habrán conocido estos dos?, ¿habrá sido por…?, espero que no haya sido por *Tinder* o algo así. Al final los hombres se enamoran de la versión digital de la tipa, pero entre foto y foto debieran ver las caritas que ponen algunas; a veces, detrás de una "sonrisa espontánea", bien puede haber una mujer calculadora o déspota.

¿Por qué tanta gente visita esta barquita de mármol?, a mí me parece bonita, por supuesto, pero tampoco es para matarse… Es una embarcación fosilizada y semi hundida entre los adoquines, de cuyas puntas (demasiado altas) y mástil (medio tronchado) manan chorros de agua con potencia mediocre. ¿Y qué conmemora?, es para la risa: no recuerda una batalla gloriosa, ni siquiera es un símbolo de la Iglesia (como algunos vende-húmos han inventado por ahí); lo único que representa es una antigua y poco interesante inundación del Tíber... Tal cual, ¡una inundación!, ¿quién conmemora una inundación?, estos romanos están locos.

Aunque reconozco que el sonido de las cascadas es arrullador, me calma. Después de todo, no está mal recordar la historia de la ciudad para valorar la ausencia de inundaciones. Eso tiene que haber sido espantoso... Quizá venga un día de éstos con lienzo y pinceles a pintar por aquí; o mejor de noche, cuando la luna esté alta y cubra con su manto de plata la Iglesia de *Trinità dei Monti* y las escaleras, y tenga de fondo un cielo negro o azul cobalto.

La fuente está cercada por unos monolitos bajos unidos por una barra metálica... ¿alguien se habrá tropezado con eso? Si Rena me pide que le haga una foto y se instala con el monumento a sus espaldas, le puedo pedir que se eche un poquito para atrás, luego otro poquito y de tanto acomodarse podría resultar un divertido accidente, jaja... pero no, ¡Claudia, contrólate!

¿Cómo llegué a este nivel de incomodidad con ella? Con su marido y sus hijos es dulce y suave, pero conmigo... creo que hemos sufrido una acumulación de malentendidos.

Dieron las nueve y como no aparecía, la llamé. Mientras esperaba a que respondiera, me llené por dentro de un sentimiento de gloria, pues iba a dejar en evidencia su impuntualidad. Jeje, ¡por fin!, ¡algo en que falle la señora!, así compenso un poco...

—Aló, Rena, ¿cómo está? Me alegro de que haya dormido bien. Quería avisarle que ya llegué al punto de encuentro, pero no se preocupe si viene con retraso, yo soy comprensiva...

¿Qué?, ¡no me diga!, ¿esta noche cambiaron la hora?, ¡no puede ser!, ¿o sea que ahora son las 8:00?, ah… Bueno, gracias por el aviso… sí, sí, un pequeño detalle, jeje, ya, ya, reconozco, no hace falta que insista, *ci vediamo tra poco, ciao*.

Corté y me toqué las mejillas para calentarme las manos, ¡qué vergüenza!

Por lo menos tendría una hora de observación y paisaje urbano. Así que me senté en el primer escalón de la *Scala Spagna* para pensar y dejé que mi vista se perdiese en la *Piazza*, en este amplio apéndice de la *Via del Babuino* que está rodeado por edificios de cinco pisos con colores cremosos, como la torta de avellana que voy a pedir en el salón de té.

La plaza es bonita, no me puedo quejar, de hecho es uno de los más exitosos puntos de encuentro de la ciudad: aquí vienen seres humanos y turistas; se estacionan carrozas tiradas por caballos y teléfonos móviles sostenidos por ociosos. Hay también tres palmeras en la esquina, aunque están olvidadas entre tanto flujo de jorobados digitales que barren el piso con sus narices.

Usé mi destreza social con una pareja de japoneses que llegaron vestidos de novios. El vestido blanco de la joven era maravilloso y venían acompañados por un fotógrafo enérgico. Las mujeres de Japón son las que mejor se visten en el mundo, no hay duda. La pareja empezó a subir los peldaños de la *Scala Spagna* con velocidad de caracol para que la cámara registrara cada nueva posición… ¿Tendrán paciencia para subir así los ciento treinta y seis escalones?

Al llegar a la primera terraza, la novia pidió un descanso, ¡ja!; probablemente para prevenir el riesgo de transpirar… Entonces me entraron ganas de conversar con ella, así que subí también y nos entendimos más o menos en inglés: «¿Cuándo se casan?», le pregunté. Ella me respondió con un suspiro coqueto: «Mañana». Me sentí en la obligación de advertirle: «¿Y eres consciente de que te casas también con una suegra?». Creo que no me entendió bien, pues se puso seria y se alejó como si yo fuera uno de los guardias que andan persiguiendo a la gente para prohibirles que se sienten en los peldaños con su helado. Volví a mi escalón un poco frustrada… por ella, pobre chica antisocial.

Cada vez se ve por aquí más comercio informal. Parece que los paquistaníes tienen conquistada esta zona: venden *"selfies sticks"*, cargadores de móvil y los más simpáticos ofrecen también rosas rojas. Vi a uno muy alegre persiguiendo a una pareja joven de franceses, mientras argumentaba diciendo que la chica merecía una flor, pues era *"la ragazza più bella del mondo"*. El pobre francés quedó atrapado entre el entusiasmo del vendedor y la sonrisa cómplice de su pareja. Él se resistía, girando la cabeza de un lado a otro como tuerca engrasada mientras adoptaba el color de las rosas… ¿qué opción tenía?, acabó comprando una. Me acerqué al trote, les sonreí y me ofrecí para sacarles una foto. El tipo dudó, pero la chica aceptó al instante. «¡*Flash!*, ¡*flash!*», y les pedí la rosa para sacarme una *selfie* también yo; ¡ya quisiera que Matteo me regalara alguna vez una flor como esta!, es tan discreto, quizá lo debiera traer a esta plaza un día de estos para que el paquistaní lo convenza…

Llegó Rena.

—*Carissima* Claudia! —exclamó con una cara que decía "te voy a rescatar del sucio escalón en que estás sentada". Me levanté y fui engullida por su abrazo. Parecía una condesa de Escocia con su chaquetilla celeste que hacía buen juego con su cabeza pelirroja. Elegí mi mejor sonrisa, fui paciente con su chistecito sobre mi despiste con el cambio de hora y caminamos hacia el salón de té.

Reinaba un ambiente plácido en la sala: música de piano-jazz de fondo, aroma a tostadas, leche caliente y chocolate. Rena pidió té *Tweenings*, un vasito de *Limoncello*, un *muffin* de arándanos y se puso a hablar de asuntos sin importancia mientras me estudiaba con su mirada. Yo, por las dudas con el significado del concepto "invitación", solo pedí un vaso de agua corriente con hielo. El garzón pareció solidarizar conmigo, pues no me reprochó por mi pedido, sino que incluso se presentó para manifestar su disponibilidad. Después de insistir bastante, nos dijo que se llamaba Pánfilo, que era mexicano y que estaba estudiando filosofía en *La Sapienza* por las tardes. Me pareció simpático, pero Rena lo despachó con un gesto de muñeca y me propuso que volviéramos a la "conversación" (bien generoso el término, considerando que mi parte se reducía a unos escuálidos "ajá", "ah" o "sí").

Ella siguió frivolizando sobre su vida junto al mar Adriático y las ventajas de salir de vez en cuando del caos de Roma, hasta que, una vez que llegaron nuestros pedidos, pasó al tema que a todas luces motivaba el encuentro:

—Claudia, estamos muy contentos de que seas la novia de mi querubín; digo, de mi hijo mayor. Pero escuché que estás pensando en volver a Chile dentro de… una semana. ¿Es cierto?

Me sentí incómoda. Tomé unos tragos de mi vaso de agua; por lo menos estaba fresca. Rena, sin embargo, no se compadeció por mi silencio. En cambio, endureció el rostro y continuó en un tono que me dejó de piedra.

—Tú sabes que solo pude tener dos hijos, el mayor es lentísimo para casarse y el menor es lentísimo para todo; desde hace años que vivo sola con mi marido, ¡no sabes cuánto anhelo ver crecer la familia, acariciar nietos! Te pido por favor que no te vayas: dale más tiempo a mi hijo, él es lento, pero tiene un corazón de oro. Tú lo conoces, sabes que es un muchacho maravilloso.

Me pareció la mujer más entrometida del siglo… Quizá esto explica los comportamientos infantiles de Matteo. En todo caso, el desconcierto eclipsó una justa rebeldía y respondí.

—Gracias por su consejo, pero no entiendo por qué se preocupa. Nuestro noviazgo no va a terminar por mi viaje.

—¿No conoces a mi hijo o me estás tomando el pelo? Creo, Claudia, que debo ser más clara. La realidad es la siguiente: o te vas y rompes, o te quedas.

—Me parece que le hace falta comprender mejor a las nuevas generaciones. Mire, déjeme llamar al garzón. ¡Eh, Pánfilo, ven un momento! —exclamé, demasiado alto quizá, pues turbé la serenidad del ambiente y el estudiante se ruborizó. Cuando él se acercó, hice la encuesta— La señora que me acompaña no cree en el noviazgo a distancia, ¿qué te parece a ti?, ¿te parece que es imposible?

—Pues, no quiero meterme mucho, pero mi novia vive en México.

—¿Y cómo les va? —preguntó Rena, descolocada con la situación.

—Creo que me engaña con otro. Y si me permiten, me están llamando de otra mesa.

—Bueno, niña, ¿ves que el asunto es complejo? Solo te pido que lo pienses, no quiero dramatizar. ¿Por qué no pides algo más?, yo invito.

Y aunque su tono de voz no dejó espacio a dudar sobre el significado del concepto "invitar", era un "invitar" de verdad, respondí con precaución:

—No gracias, no merezco tantas atenciones —La educación es lo último que se pierde, pero el sentido de oportunidad es una virtud superior—. Pero ya que insiste, alguna cosa sí me podría venir bien, gracias.

Llamé a Pánfilo otra vez, y aunque volvió a ruborizar acudió a atendernos.

—¿Podría traerme por favor un *Spritz Aperol*, un *caffè freddo* doble, dos tostadas con huevo revuelto y un pastel de avellanas, que me gusta mucho, y, ¡ah!, un tiramisú en honor a mi querido suegro? —Sonreí a Rena después de hacer el último encargo, pues creo que se sobresaltó ante mi repentina recuperación del apetito.

Comí tranquila, conversando sobre trivialidades, hasta que terminé el postre. Rena pidió la cuenta y se dispuso a pagar. Pero no fui capaz de que lo hiciera, no sé, tuve un arranque de amistad, un impulso de cordialidad, así que detuve la operación y dije:

—Rena, por favor, no pague usted… ¡no todavía!, jeje, déjeme pedir una cosita más.

Es que habíamos entrado en confianza. Y cuando eso ocurre, hay que aprovechar la oportunidad. Ella sonrió, y aunque sus ojos decían lo contrario, pedí a Pánfilo que repita todo mi pedido anterior. ¿Parece mucho?, para nada, pues estimé que éste podía ser un rico desayuno-almuerzo entre dos mujeres muy cercanas a la reconciliación.

CAPÍTULO 10.

Toca pasar vergüenza.
(Trastevere)

(Volvemos al relato de Matteo).

ME ABRIÓ la puerta la compañera de piso de Claudia, una filipina de rostro pálido y contextura frágil que se sobresaltó un poco con mi presencia. Me indicó que mi *fidanzata* estaba trabajando en la sala de estar, al fondo del pasillo, y acto seguido huyó a su habitación.

Hubiera esperado una recepción más cálida, pensé mientras colgaba la chaqueta color vino que me había comprado unos días antes. Vamos, tan feo no soy. ¿O sí? Quizá debiera haber dedicado más tiempo al deporte, haber usado menos el ascensor, comer más lechuga… No, ¿qué digo? Sé que mi aspecto es galante, entre otras cosas, porque me lo dijo una mujer desconocida, hace años… Es una anécdota brevísima, así que la recuerdo en dos brochazos: estaba caminando por el parque de la *Villa Borghese*, con pantalones cortos y camiseta deportiva, cuando se me acercó una dama que no había visto en mi vida y me dice: "Hola, eres muy guapo". Tal cual. Pues bien, la sorpresa agarrotó mi lengua, como me suele pasar en ese tipo de situaciones: no sabía cómo lidiar con la adulación. Pero al final no hizo falta que respondiera, porque en ese momento llegó corriendo una enfermera, tomó del brazo a la ancianita que me había elogiado, me pidió disculpas y se la llevó.

Estábamos con mi entrada furtiva en el apartamento de Claudia. Avancé con pasos lentos, el pasillo estaba oscuro, me frotaba las manos sudorosas por detrás de la espalda como si fuera una mosca contorsionista, y me detuve un momento en el umbral del salón. Vi una sala de estar pequeña, encendida por la luz dorada, o más bien *aplatanada*, del atardecer que entraba por el ventanal. Luego me fijé en las paredes y mis pupilas se fugaron, como metales a un imán, a un cuadro que me resultó bastante familiar, pues tenía pintada una escena de dos hombres arrodillados frente al belén de *Piazza San Pietro*. Reconocí al *barbone* que llevaba encima mi parka marrón, pero ¿el otro?, ¿quién era?, dudé que fuera yo: ese sujeto está muy pasado de peso como para representarme. Miré mi barriga, miré el gordillo del cuadro, miré mi barriga para volver a contrastar… y mejor sigo describiendo el lugar. En medio estaba lo importante: detrás de una mesa alta e iluminada por una lámpara que cae del techo con forma de bellota, concentrada frente a un ordenador y con auriculares grandes que emulan los rulos enrollados de la princesa Leia, estaba sentada mi princesa Claudia.

Quería acercarme y, a la vez, quería quedarme en ese umbral toda la vida para acariciar su pelo castaño con mis ojos. Ella estaba ocupada en la pantalla, hacía clics con el ratón, se aislaba con la música y todavía tenía capacidad para sostener con los labios, como si fuera un habano, uno de esos tubitos de oblea con dulce de leche que a ella le apasionan, el famoso *cuchuflí* chileno. Tenía un paquete con varias docenas de esos dulces al lado, ordenado como un conjunto de dinamita bañada en chocolate y envuelto en papel transparente de la mitad hacia abajo. Me senté en la silla que había en frente suyo y estiré el brazo como una grúa silenciosa para robarle un *cuchuflí*.

—Mmm, está buenísimo —juzgué al dar la primera mascada crocante, pero ella no reparó todavía en mi presencia. Apuré el que tenía y saqué otro—. ¡Creo que me los comeré todos! —añadí un poco más alto para tirar el anzuelo.

—¡Eh!, ¡son míos! —Ahí reaccionó, y se quitó los auriculares-rulos-de-Leia para darme su atención; ¡atención!, ojo, éste es el primer nombre del amor—. Ah, perdona, Matteo, no me di cuenta de que eras tú, ¿cómo estás? Come los que quieras. Me los mandó de regalo mi papá para celebrar la oferta de trabajo que me hicieron de…, nada, perdón. Hoy estuve con tu mamá, ¿te contó algo de nuestro desayuno? Quedamos más amigas, creo —Yo me esforzaba por poner cara de póker, pero igual se me arrugó la frente—. ¿Y tú qué cuentas? —dijo, por fin.

Venía resuelto a actuar desde *Via Margutta* y no podía darme el lujo de enfriarme: necesitaba decir a Claudia unas cuantas cosas, y rápido, pero ¿cómo? Apreté los labios, me levanté y acerqué la silla para quedar a su lado de la mesa.

Rodeé sus hombros con mi brazo, casi me mareo con la fragancia a manzana fresca y dulce de leche que moraba en su pelo, le quise decir cuánto la quería, que sin su compañía no podía vivir. Dicen que el amante genuino está en silencio, en paz. Que no piensa tanto en sus propios sentimientos, sino que concentra sus energías en contemplar a la persona amada… pero en mi caso esa actitud se mezclaba con una cierta adrenalina del soñador: comprendí con ardor que por primera vez estaba dispuesto a salir de mi egoísmo, a crecer, a superar cualquier obstáculo, como Tobías hizo por Sara, que el camino que había recorrido gracias a su inaudito interés por mí había sido ascendente, aunque ella no se diera cuenta, que me amor por ella era especial, impostergable, definitivo, feliz… Nada de eso me salió. En cambio, el hombre de traje gris que llevo dentro me presionó para entregar un *dilata* vaticano, una postergación burocrática.

—¿Bajamos a tomar aire? —propuse.

—Buena idea —Se restregó los ojos y bajó de la silla—, ya estoy cansada de tanto *Photoshop*.

***

La *Piazza di Santa Maria in Trastevere* estaba concurrida, así que la invité a la terraza atrincherada por macetas del *ristorante* ‘*Grazia & Graziella*’ que está a una cuadra. Pedí cervezas y ‘*crostata calda alla mela con gelato alla vaniglia*’ para compartir entre los dos. El *gelato* es una debilidad de la que no sabría arrepentirme. Ella agregó al pedido ¡dos! pizzas con queso mozzarella, salmón y rúcula.

—Es que hoy almorcé a la hora del desayuno —explicó.

Sonaba la canción “*Wild World*” de Cat Stevens: «*Baby I love you, but if you want to leave take good care / Hope you make a lot of nice friends out there / But just remember there's a lot of bad everywhere»*. Una coincidencia providencial. Probablemente era mi ángel custodio que me indicaba que había llegado el momento. Toda mi musculatura bramó como un estadio antes del partido, el corazón me golpeó las costillas con sus latidos y me lancé:

—Chica, sobre lo de tu viaje... quiero decirte algo.

—¿Hmm? —dijo mientras giraba la cabeza, atenta a la posibilidad de que llegaran las bandejas.

—Sé que te llama el trabajo, eso lo entiendo, ¡y te apoyo!, aunque aquí hay trabajos maravillosos también, ¿eh?

—Hay buenos trabajos aquí y allá...

—Ahora bien, ¿hay algo más?

—¿Cómo algo más?

—Quiero decir, ¿dudas por ejemplo de mi amor por ti..., o del tuyo por mí? No sé... No es que sea un dependiente, ni un parásito, ni nada de esos alcornoques que denuncian los libros de psicología... Pero pienso en ti. Todo el día. Nunca me había pasado, soy como tonto para expresar lo que siento. A ver. Sé que he sido negligente en hablar de estas cosas... —Ella me miró con interés—. Claudia... eres lo máximo.

La melodía se interpuso entre los dos: «*Oh, baby, baby it's a wild world / It's hard to get by just upon a smile*».

—¿Sólo eso? —respondió, decepcionada, con esa indiferencia glacial que reservaba para las tonterías.

—¿Perdón?

—Vamos, Matteo, dime algo más.

—¿Algo más? —exclamé, alarmado. ¿Por qué es tan difícil todo esto?— El punto al que quiero llegar, Claudia... Te lo diré. Es que te quiero. Y mucho. Ya está, lo he dicho...

Se escuchó el choque de tenedores y cuchillos contra los platos, el rumor de las conversaciones, el inglés de la canción llena de erres y doblevés; muchas cosas sonaron excepto la voz de mi Claudia. Me vi obligado a continuar.

—¿Todavía no?, ¿no te convence, eh? A ver, espera un poco, tengo una carta bajo la manga —Saqué el teléfono del bolsillo y recurrí a una pestaña de *Chrome* que tenía seleccionada para la posibilidad de 'romper el vidrio en caso de emergencia'—. ¡Aquí está! Escucha, entonces te lo digo con palabras de Neruda. —Aclaré la garganta y entoné:

Ríete de la luna, del día, de la noche.
Ríete de este torpe muchacho que te quiere.
Niégame el aire, el pan, la luz, la primavera,
pero tu risa nunca, porque me moriría.

»¿Ajá? ¿Tampoco? Hm, ¿no te valen las palabras de otro?

Su silencio. Su mirada verde, interrogando. La decepción en sus mejillas serias. Siete pestañas de *Chrome* esperando ser exhibidas, pero mis dedos se resistían a provocar nuevos tropiezos.

Si ella supiera cuánto había ensayado este momento, y lo fracasado que me sentía con esta ejecución miserable. Me acordé de Oscar Wilde cuando describía su trabajo: "He escrito todo el día. Por la mañana puse una palabra y por la tarde la quité". Imaginar el basurero de mi casa, lleno de papeles arrugados con discursos fallidos me sirvió; no sabría decir por qué. Quizá fue ese sentido común, ese resumen aplastante de nuestra realidad humana, lo que me movió a dar por fin en el clavo:

—¡Ay! Claudia, ¡basta de rodeos!, ¡te amo, te amo y te amo!, ¡no sé cómo decírtelo, pero te amo!

—Eso está mejor. Vas aprendiendo. Ahora me toca: Perdón, yo también he sido una tonta.

—¿Cómo que tú *también*?, ¿quién es el otro?

—Tú más, gordito ingenuo, debieras decirme más lo que sientes.

—¿Entonces te quedarás conmigo?

—Ay, Matteo, eres un caso. Mejor repite lo que me acabas de decir.

Llegó el pedido.

—*Eccovi, signori, divertitevi* —nos dijo el camarero antes de correr a otras mesas.

Aproveché la distracción para trasladar el tema a otros asuntos con menos riesgo. Estaba sudando como nunca en mi vida. Le pregunté por el café que había tomado con mi madre y mientras ella me hablaba, aproveché de reflexionar. Le había declarado mis sentimientos, *ergo*, el balón estaba de su lado. Y le quedaba tiempo para responder. ¿O el balón estaba todavía de mi lado? Le dije que la amaba, pero tampoco se emocionó mucho por eso. ¿La amo de verdad?, ¿qué lee ella en mis ojos? ¿Era todo esto solo una cuestión de palabras?

La velada discurrió sin nuevas sorpresas. La conversación fluyó, animada por el incombustible entusiasmo de Claudia, creció con el aporte de mi insondable capacidad de escucha, y cuando nos separamos, me di cuenta de que, salvo que ocurriera un milagro, Claudia se iría igual, quizá para siempre, al fin del mundo. Sí, se irá, pero al menos sabrá que deja en Roma una parte de su presencia; su imagen quedaría guardada para siempre dentro de mis ojos.

Que sea feliz. Sí. Eso es lo que más deseo, es lo que ella merece. Rezaré por ella cada día para que sea feliz. Es lógico,

¿qué importancia puede tener mi dolor frente al deseo que siento de que ella sea feliz? Es evidente, ¿cómo no me di cuenta antes? Claudia tiene que irse a Chile.

***

Mientras volvía a casa, caminando en zigzag y pateando piedras, me preguntaba si sería capaz de fingir la vida sin ella. ¿Qué me diría mi amigo el curita, don Giorgio?, primero me haría una broma: me recordaría esa frase que se me escapó hace un año más o menos, cuando nos tomábamos unas cervezas en mi piso y me quejé diciendo: «¡Estoy rodeado de egoístas que no piensan en mí!». Siempre se ríe cuando se acuerda de eso. Es un hombre bueno ese párroco, es tan generoso que hasta acoge a los testigos de Jehová… Después añadiría eso de que caer en una batalla es normal, mientras que lo importante es saber recomenzar. O que el valiente no es aquel que carece de miedos, sino aquel que los enfrenta; un consejo muy típico de los estoicos, por cierto.

Aunque era tarde, necesitaba comentar la jugada con alguien y llamé a mi hermano Carlo para preguntarle cómo interpretaba él este apremio de Claudia por viajar. Estaba en una discoteca, pero salió al patio para escucharme mejor.

—*Fratellone!* —me gritó desde su lado, ahogado por el tecno.

Le expliqué la situación.

—Qué lástima, Matteo —me gritó, mientras imaginé sus palmadas en mi espalda—. Así es la vida… pero no te preocupes, hombre, ¿no decía mamá que las novias son para casarse o para dejarlas? —*Ts, ts, ts*, el ritmo estridente— Tranquilo, ¡ya te enamorarás de otra! ¡Todavía eres joven!

—¿Y si no hay otra?

—¿Cómo no va a haber otra? No te entiendo... —Me pareció que se alejó de la música, quizá se internó en los arbustos de algún jardín, no sé, pero un silencio nos dejó pensando a los dos. De pronto, él continuó, bajando el tono al nivel de la confidencia, aunque con ese típico timbre burlesco de los incrédulos— ¿Quieres decir que la amas, digo... de verdad? ¿Hermanito?

—Puede ser...

—A ver, ¿estarías dispuesto a sacrificarte por ella?

—Es posible.

—¿A morir por ella?... ¡espera!, déjame reformularlo en términos más pedagógicos —La voz cascada por el karaoke—: si tuvieras un solo cono de helado y estás perdido con Claudia en mitad del desierto, ¿lo compartirías con ella?

—Hummm.... —Mi hermano sabe cómo poner el dedo en la herida—. Pienso que se lo daría entero.

—¿De verdad?

—Pues...

—¡Serás idiota entonces!, ¿no te das cuenta? ¡Arriesga, hombre, por una vez en tu vida, arriesga!

—¿Me hablas en serio?

—¡Y tienes que hacerlo a lo grande!, ¡recuerda la épica escocesa que llevas en tu sangre! Pídele a don Giorgio que te pase el contacto de su amigo de la banda e ¡impresiónala! Ahora me tengo que ir, ya me dirás, adiós, que me están reclamando del baileteo.

Capítulo 11.

El plan.
(Gelateria La Romana)

—Claro que me gustan los helados —se defendió Claudia mientras paseábamos por una calle de los alrededores de *Piazza del Popolo*—; es el local lo que me da mala espina, sobre todo el nombre: ¿quién es "La Romana"? —agregó arqueando las cejas.

Era la cuarta *gelateria* que Claudia recusaba y yo estaba agotado de tanto caminar, así que, aprovechando que circulaban pocas personas (el otoño disuade a los turistas de cartón), la tomé por el codo y la arrastré gentilmente hacia la puerta de cristal de esta heladería. A tan pocos días del final, no tenía paciencia para seguir perdiendo el valioso tiempo que nos quedaba. *Tempus edax rerum!* [¡Oh, tiempo devorador de las cosas!].

Nos acercamos al mostrador y cada uno se puso a evaluar las alternativas de sabores. Me importaba acertar... Claudia, en cambio, tenía un ojo en los helados y con el otro vigilaba a la vendedora; así, como los delfines. De pronto me decidí, relajé la mandíbula y levanté la cabeza para hacer el pedido. Pero entonces tropecé con los ojos azules de la dependienta y mi lengua se congeló: solo pude sonreír como un niño travieso y medio tonto. La joven me devolvió la sonrisa de un modo que me hizo recordar a *la sirenita*: tenía ese porte, esa agilidad. El delantal y jockey azules contrastaban con su pelo rubio y blusa blanca; parecía recién salida del mar y su nombre (que ponía la tarjetita en el pecho) me indicaba que bien podría haber nacido en la *Fontana di Trevi*: "Marina". ¿Cómo no iba suspirar?

Claudia me pellizcó en la espalda y me urgió a hacer el pedido.

—*Signora*... —Me mordí el labio y corregí la fórmula—. O *signorina*?

—*Signorina!* —respondió ella con una queja coqueta.

—Jiji, claro, perdón por mi confusión, es usted muy joven y también...

—¿Qué helado vas a querer? —me interrumpió Claudia.

—¡Ay!, sí... ejem. Me gustaría, por favor, una bola de... *limone*. Eso es, *limone!*

—*Molto bene*... —La chica llenó el cono con el primer sabor y esperó con la cuchara en alto para terminar la torre— *E l'altra?*

—La otra... de *limone per favore* —Mi voz perdía gravedad y me sentí en la necesidad de explicar—. Es en homenaje a mi madre, a ella le encanta el *limone*.

Mientras la vendedora preparaba el cucurucho con una delicadeza de orfebre, Claudia me preguntó por lo bajo:

—¿La conoces?

—No.

—Pero es bonita, ¿cierto?

No iba a caer en esa trampa. Volví mi atención al mostrador porque Marina, como "atención de la casa", estaba bañando el helado en un chocolate líquido que se solidificó al instante como en un *crunch* cósmico. Miré mi cono con ojos brillantes y volví a ser un niño de diez años a punto de llorar. Ella estiró el brazo por encima del mostrador con una maniobra que evocó el salto del delfín, y me entregó por fin ese don del paraíso.

Claudia, en cambio, fruncía ligeramente el ceño e hizo su pedido en otro tono:

—Chocolate negro y blanco —Dejó pasar un silencio de trincheras y luego su voz corcoveó con un falsete—. Sin *atenciones* de la casa.

Claudia recibió su cono, con porciones menos generosas y contornos más toscos, y me remolcó hacia una mesa que había a unos pasos del mostrador, debajo del ventanal de la entrada, aunque adelantándose para dejarme con vistas a la calle.

Yo no soy amigo del *multitasking*, prometo que sólo pensaba en mi helado y en los desafíos que sus propiedades ofrecen: temía que éste se derritiera y me manchara las mangas de la camisa; todos estos rollos de rivalidades imaginarias me los contaron mucho después. Así que abrí la boca para hincar los dientes en la cobertura de chocolate, quería escuchar el *crack* de la trizadura, sentía la lengua ansiosa y acuática, como un surfista antes de tomar una buena ola: la explosión de sabor sería sensacional... Sin embargo, justo en ese momento, Claudia se dio cuenta de que la vendedora tenía la mirada puesta en el ventanal, donde se reflejaba mi rostro, e hizo algo extraño: se levantó y me pidió desplazar las sillas para que quedáramos en posición paralela al mostrador. ¡Ay, qué error! Sufrí al ser interrumpido en un momento tan sublime, pero me resigné a obedecer, pues la atracción del helado no me dejaba mucho espacio para defenderme en otros frentes. Eso sí, me prometí que la próxima vez que quisiera tomar helado lo haría solo.

Confirmé con un movimiento de cejas que Claudia había terminado de instalarse y, por fin, di a mi helado una crujiente mordida que me hizo soñar con el Jardín del Edén; sentí cómo todo mi cuerpo participaba en la levitación anímica que me concedía ese *jacuzzi* bucal.

Di varios lametones sobre el *limone* para domesticarlo, y cuando tuve garantías de que no caerían gotas en las mangas de mi camisa, recuperé la concentración para enfocarme en el motivo de todo este tinglado. Es verdad que me había dejado distraer, pero todavía estaba a tiempo para ejecutar la primera fase del plan.

—¿Claudia?

—¿Sí, cariño?

—¿O no? —De pronto me entraron las dudas.

—Mejor sí, dime.

Ya me iba conociendo.

—Vale, sí. Como viajas el sábado por la tarde, se me ocurrió que podríamos tener una despedida distinta esa mañana, no sé, por ejemplo, ¿qué tal si nos vemos en la terraza del *Pincio* al mediodía?

—Claro. No es el mejor mirador de la ciudad, pero está bien.

Sonreí en silencio. Sentí el placer del paso bien dado, del trabajo bien hecho; una satisfacción semejante a la que te da terminar de leer una novela de Dostoyevski, o como cuando se te acaba la tinta de un bolígrafo BIC. Era un primer paso, por tanto, un primer triunfo... qué lástima que fuera el más fácil. Al menos podía dedicar el resto del tiempo a disfrutar mi helado.

***

A la mañana siguiente entró mi hermano Carlo en la misma heladería. Quería pedir algo rápido y seguir su camino, pero cuando se encontró con la sonrisa dulce de Marina, su pelo rubio, su figura esbelta... al contrario de lo que me pasó a mí, él se envalentonó.

—*Ciao bella. Bel giorno eh?*

—*Già.*

—Hum, quiero un cono con... con dos sabores, por favor —Carlo levantó el dedo índice, se lo llevó a los labios para simular reflexión y, viendo que no había otros clientes en la tienda, cambió de idea—. ¡Mejor con cuatro sabores!

—¿Cuatro?, muy bien —repuso ella con sonrisa floja.

Marina giró para sacar un cono gigante del aparador y se dispuso a rellenarlo con la cuchara racionadora. Carlo la miraba como atontado, mezclando las actitudes del Oso Yoghi y de Johnny Bravo, pero el proceso de venta lo devolvió a la realidad.

—¿Y bien?, ¿qué sabores quiere?

—*¡Ah, beh, certo, insomma! Fragola* —replicó él, supongo que satisfecho por estar ágil de ánimo.

—¿Y los demás?

—No, gracias, vengo solo.

—Me refiero a los demás sabores.

—¡Ah, *beh, certo, insomma! Fragola* también. Y en cuanto a los otros… *Fragola* y *fragola, jeje,* me gusta la *fragola.* Desde niño que me gusta.

Carlo apoyó los codos sobre el mostrador y descansó la barbilla en los puños para contemplar a la joven mientras hacía su trabajo. Estoy seguro que fue así. No había sido muy creativo con los sabores, pero ese pícaro juzgó que al menos había sacado sobresaliente en espontaneidad.

La vendedora se sintió incómoda y terminó por ruborizarse cuando le entregó el pedido:

—¿Algo más?

—Sí, otro cono igual de grande, pero no para mí. Para usted. Con los sabores que quiera, por supuesto. Por favooor, no se resista, yo invito.

Marina, de pronto muy seria, se negó en redondo. Carlo insistió, pero ella se mantuvo firme. Mi hermano volvió al ataque y ella alegó que no podía tomarse un helado en horario de trabajo, que en cualquier momento podía llegar otro cliente, ¡o el supervisor!… pero él, esperanzado por el hecho de que habían entrado en diálogo, interrumpió sus alegaciones levantando los brazos, caminó de un extremo al otro del local, se detuvo frente a ella con toda su contextura de oso y explotó con gesticulaciones que le hicieron parecer azafato dando el discursito de las vías de evacuación en velocidad 1,5. Constató en voz alta que no había nadie en el local y argumentó diciendo que, para mayores garantías, podían tomarse los helados de pie, cada uno a su lado del mostrador, «así que ¡basta de ascetismo!, usted, *bella pischella,* merece un descanso», fue su broche de oro. Por más increíble que parezca, todo esto la convenció. Ella eligió también *fragola,* y se pusieron a conversar, de pie a un lado y otro del mostrador, cada uno iluminando su rostro con un cono de cuatro cabezas sonrosadas.

Al rato, cuando ya se había sedimentado la adrenalina, a Carlo le sonó el móvil. Una cumbia juguetona que interrumpió el momento.

—*Scusami*, Marina... *Pronto?*

—Este sábado...

—¿Quién es? —preguntó, levantando los dedos en forma de cesta.

—¿Cómo que quién es? *Carlo, sono* Matteo! Escucha, ¿tienes tiempo este sábado al mediodía?

—Espera, espera, ¿podemos hablar después?, estoy con una persona importante —dijo, haciendo hincapié en la última palabra y dirigiendo un guiño de disculpa a Marina.

—¡No, no, no!, ¡es corto! Es sobre lo que me aconsejaste el otro día, he estado pensando y...

—¡Ve al grano!

—Pediré matrimonio a Claudia.

—¡¿Qué?! Una exageración, no seas payaso...

—Por ahora es confidencial, así que no lo difundas. Después te cuento más. Te adelanto que la cité a la terraza del *Pincio*. Me siento más temerario que una lombriz cruzando la carretera: quiero cantarle con los muchachos desde abajo, desde *Piazza del Popolo*. Nunca he hecho algo así y ¡tiene que salir perfecto!, ¿entiendes?

—Ok, ok, tranquilo, hermano, te entiendo. ¿Y cómo te apoyo?

—Necesito que me llames cuando Claudia llegue a la terraza y descubra los largavistas que dejaré sobre la baranda. Así, con tu aviso, hago la entrada en la *Piazza*, luego subo la colina y, una vez arriba, tú me entregas la cajita con el anillo. ¿Entendiste? Llamada y cajita. ¿Cuento contigo?

—Claro. Llamada y cajita. Nítido. Causarás sensación. Solo una pregunta…

—Dime.

—¿Puedo invitar a una amiga a ver el espectáculo?

CAPÍTULO 12.

El desastre.
(Piazza del Popolo)

CLAUDIA pisó la terraza del *Pincio* mientras las campanas de las Iglesias Gemelas hacían retumbar el tiempo para anunciar el ángelus. Supongo que venía un poco incómoda por culpa de unos zapatos de tacón que le hacían tropezarse en ese suelo de piedrecitas redondeadas, y la imagino con una blusa blanca que un viento travieso le inflaba.

Advirtió la presencia de los prismáticos sobre la baranda de piedra a través del gentío, miró a todos lados con hambre de hacerlos suyos y, acercándose, levantó una ceja al comprobar que llevaban adheridos un papel rosa.

El *sticker* fue idea de un *Youtuber*. Un elemento de misterio, algo que personalizaba la sorpresa… y funcionó, al menos al principio. Su curiosidad despertó y la intriga le hizo olvidar las incomodidades del terreno. Quitó el papel, lo desdobló y encontró escrito ahí ¡su nombre!

¿Cómo habrá sido su reacción? Según ella que al verlo se le escapó una carcajada breve, sin importarle que un grupo de turistas americanos la miraran con cierta sospecha. Volvió a doblar el papel con cariño y, como quien da una propina, se lo regaló a una señora corpulenta que pertenecía al grupo de turistas que la habían mirado mal (quien, a su vez, después de recibir el paquetito de forma inconsciente, se escandalizó al caer en la cuenta de lo que había ocurrido. Por lo visto era una mujer práctica, así que terminó por resolver el asunto dejando el papel en el bolsillo de la chaqueta de su marido).

«Espero que Matteo no haga nada cursi...», suplicó Claudia al cielo, a la vez que apoyaba los codos en la baranda y se llevaba los binoculares a los ojos. Contuvo la respiración como una cazadora y rastrilló la *Piazza* con fundado temor.

Carlo la espiaba agazapado detrás de un *pinus pinea* y me llamó por teléfono para dar la señal:

—¡Copihue está en posición!

Yo esperaba abajo, escondido en *Via del Corso*, detrás de una de las Iglesias Gemelas. Me volví para repasar por última vez la estrategia con el equipo y de pronto me invadió más miedo que el que podría sentir un conejo amarrado de camino al cuchillo del cocinero. Los seis gaiteros que me acompañarían en la función me vieron palidecer, así que me llenaron de palmadas en la espalda. Me sentí como un caballo viejo que estaba siendo espoleado por el jinete para saltar la valla.

—Vamos, Matteo, todo va a salir bien: tres días de entrenamiento han unido tu voz a nuestras gaitas como uña y mugre —dijo el argentino bonachón, gordo, de cejas grandes y sobre todo grandilocuente.

—Pero yo soy la mugre —musité, mientras sentía las gotas de sudor lamiendo mi cuello.

«Es una locura», pensé. «¿Quién me manda a meterme en este lío?, ¡pero ya tengo edad para estas cosas de adolescentes! ¿Qué diría Marco Aurelio de todo esto? Él asumió el cargo de Emperador con cuarenta años, mientras que yo, a mis treinta y pocos todavía estoy…».

—¡Vamos muchachos, que hay una doncella a la que conquistar! —exclamé, aplastando como pude el temblor de la garganta.

—¡Bien!, ¡esa es la actitud! —vitorearon todos.

Estiramos los kilts, las camisas, las gorras, ellos arreglaron la posición de las gaitas para morder las boquillas y marchamos, soplando o cantando hasta cambiar de color. Tomamos carrerilla por la *Via del Corso,* atravesamos el telón imaginario que sostenían las Iglesias Gemelas y en un segundo habíamos cancelado el ruido de los coches, los *wiu-wiu* de las ambulancias, las ofertas de los vendedores de juguetes chinos, y captamos la atención de cientos de turistas que poblaban la *Piazza*. Pero, ¡caramba que es injusta la vida!, en ese preciso segundo y sin que yo me diese cuenta, Claudia bajó los prismáticos y se alejó con el móvil al oído. Surrealista.

Carlo me intentó avisar, pero yo, entregado como estaba al fragor de la épica escocesa, no sentí la musiquita que pataleaba dentro de mi bolsillo. Carlo se agitó por dentro y por fuera, corrió dando círculos y terminó sentándose en una banca para esperar, pues pensó que yo interrumpiría la función cuando viera que nadie estaba usando los binoculares.

Pero la vida a veces se ríe de nuestras predicciones: en ese momento apareció Marina en la terraza. Vestía falda azul y blusa blanca con fresas estampadas; llevaba el pelo suelto, libre. Risueña, vio los prismáticos en la baranda, intuyó quizá, aunque con otras palabras, su condición de *res derelictae*, se felicitó por su suerte y corrió a pillarlos para observar mejor a los músicos que estábamos golpeando la colmena. Carlo quiso atajarla, pero juzgó que sería inútil: desde abajo yo había visto a 'la chica con binoculares' y ya le estaba dedicando mis mejores esfuerzos vocales con la inmortal y romántica canción *"L'italiano"* de Toto Cutugno, aunque adaptada para gaitas, claro.

Carlo dejó a Marina disfrutar en su inconsciencia y corrió hacia los árboles, donde Claudia luchaba para hacerse oír por el teléfono. Le tocó varias veces el hombro, pero ella lo ahuyentaba con el brazo como una cola de caballo hace con los moscardones. Mi hermano, sin embargo, más insistente que el limpiaparabrisas de un camión, arremetió por cuarta vez contra el hombro de Claudia. Hasta que ella cortó la llamada y desde el fondo de sus ojos crepitó la lava:

—¿Qué te pasa, desgraciado?, ¿no ves que…

Carlo la tomó del codo con determinación y la condujo hacia una esquina de la baranda para que se asomara a la *Piazza*. Entonces ella me vio y se rio. Pero a continuación descubrió que el espectáculo no era para ella, sino que para otra…

Perdió los colores, la sangre se le enfrió.

Mientras tanto, el público se movía a codazos para conseguir mejores posiciones en la galería del Pincio; chinos y japoneses habían dejado de sacar fotografías, quizá por pudor, y ya directamente filmaban.

Después de unos minutos, Claudia se recuperó gracias a los terapéuticos tortazos de reanimación que Carlo le dio en las mejillas, se levantó más mareada que Bambi después de patinar sobre el hielo, y casi se desmayó otra vez cuando vio a Matteo desenrollar un pergamino y extenderlo hacia la impostora, pues ahí se leía: «¿Quieres casarte conmigo?».

Marina, ¿qué pasaba con Marina? Ella leyó el mensaje y se sintió muy confundida. ¿Juego o realidad? La gente que seguía el show desde abajo suspiró a coro y los de arriba aseguraron el perímetro detrás de Marina con un cordón humano. Entonces ella cayó en la cuenta de que el asunto iba en serio y se asustó, se sintió atrapada, nerviosa y agitó los brazos de un modo tan eufórico para decir "no", que yo, cándido inocente obnubilado por mi nerviosismo, lo interpreté desde abajo como un entusiasta "sí".

Claudia, todavía pálida en la esquina, miró a Carlo modulando un "*what?*", él intentó explicar, pero el caos dominaba la situación y no conseguía hacerse entender:

—¡Acércate para que me escuches sobre la tremolina! —le gritó Carlo.

—¿Qué Matteo me cambia por los brazos de Marina?

—¡No! —le volvió a gritar— ¡Claudia, escúchame!, ¡es una cuestión de honor!

—¿Así que prefiere los brazos de Leonor?

Por mi parte, envalentonado como nunca por el apoyo del público, aplaudí a la banda y comenzamos a subir las escaleras de la izquierda, ahora interpretando la canción "*Tú eres mi tesoro*", de Andrea Bocelli. Arriba, Carlo se daba por vencido y ella desapareció entre la multitud.

Al cabo de seis o siete minutos llegamos con la banda a la terraza del Pincio, la gente aplaudía al príncipe que hacía su entrada, todo perfecto, pero ¿dónde está la princesa?

—¿Y Claudia? —pregunté a mi hermano, jadeando y apoyándome un poco en las rodillas para recuperar el aliento.

—¡Aquí estoy, payaso! —respondió ella, saliendo de la masa de turistas como Rambo del bosque, y me dio una bofetada que, "¡plaf!", estampó sus dedos en mi mejilla quizá para siempre.

—¡Uhhh! —exclamó la gente con el corazón en el cuello y la expectación en los ojos.

—¿A qué juegas? ¿Me invitas al *Pincio* para que sea testigo de tu matrimonio con Marina o qué? ¡Así que la conocías de antes! ¿Y gaitas?, ¿por qué gaitas?, ¿cuándo se ha visto una actuación tan *kitsch*?

Entonces entró Carlo para ofrecerme la cajita y ambos lo miramos con odio. Él se achicó, puso sus ojos de Hagrid tierno e intentó terciar para redimir su fracaso:

—¡Esto no es lo que parece!, tenemos que aclararlo. Conocí a Marina en la heladería y…

Claudia levantó otra vez la mano, esta vez para abofetearlo a él, sin embargo, apareció la vendedora, que venía como un ángel con mejillas de color *fragola*; se acercó a Claudia, le tomó la mano con dulzura y medió:

—Esto es más sencillo de lo que parece.

Con esa frase Marina se ganó la atención general. Hasta la brisa pareció detenerse.

—Matteo no pretendía dirigirse a mí, sino a ti —continuó diciendo—. Y según alcanzo a ver… te quiere.

Murmullo del público.

—¿Cómo lo sabes? —preguntó una turista de algún país de Centroamérica que no se perdía nada de la teleserie.

—Porque lo noto en su mirada, que es noble y clara. A ver, quizá el propio Matteo nos lo podría aclarar… Háblanos, ¿no es así, Matteo?

Claudia giró la cabeza para interrogarme y me encontró con una rodilla en el suelo, temblando como un bebé sumergido en el agua fría de la bañera, pero mirándola con toda la devoción de que era capaz:

—Claudia, copihue del campo chileno, murmullo de Tierra del Fuego; yo, un pobre náufrago que espera su rescate, estoy dispuesto a cualquier sacrificio, a cualquier transformación, con tal de amarte y de servirte, de aquí en adelante, todos los días de mi vida.

—No sabes lo que prometes—respondió ella, seria como puerta de cementerio.

—Carlo, psst, ¡la cajita! —pedí. La recibí de un golpe y la abrí con la fuerza de quien intenta hacer la voluntad de Dios— Claudia, estoy dispuesto a dejarlo todo para irme contigo a Chile y apoyarte con hechos en tus proyectos; sin ti nada tiene importancia ni sentido: mi trabajo, el teatro en latín, mis caminatas por el *Lungotevere*, incluso mis libros pueden esperar. Tú eres la única persona en el mundo capaz de liberarme de mí mismo, tú me has enseñado horizontes nuevos, eres para mí una promesa de felicidad. ¡Déjame que mire tus ojos!, perderme en ellos será mi dicha, mi consuelo, mi orgullo, mi descanso. ¡Vámonos juntos a Chile! Tendrás tu trabajo y yo cuidaré de la casa hasta que encuentre algo… Claudia, te lo pregunto desde lo más hondo de mi corazón, ¿quieres casarte conmigo?

Mientras hablaba, en el rostro de Claudia se iban sucediendo la tempestad, nubes grises, lluvia y al final llegó la calma del nuevo sol. Para cuando terminé, ella se había llevado las manos a la boca y por sus lágrimas induje que se arrepentía de la bofetada que me había propinado un momento antes. Su respuesta, en todo caso, me volvió a poner nervioso:

—Ay, Matteo, parece que no te conozco lo suficiente…

—Yo era una ostra sellada y tú la has abierto.

—Realmente eres un cero a la izquierda con la poesía.

Percibí que su semblante serio se trizaba.

—¿Y el anillo?, ¿te gusta el anillo? —dije al borde de la desesperación—. Ojo que la piedra es de lapislázuli chileno.

—¿Por qué elegiste este escenario...? —movió la cabeza para mirarse en el espejo de esa multitud de rostros preocupados.

—¿No te gustaron las gaitas?

—Nada.

—¿Necesitas un tiempo para pensarlo? Eso lo podría entender, de verdad, tendré la paciencia que haga falta.

—No.

—¿No qué?

—Que no.

—¿Que no qué?

—Que no necesito tiempo para pensarlo. Feliz me caso contigo, Matteo.

No lo podía creer. ¿Estaría soñando y despertaría de repente para seguir mirando la vida desde la ventana de mi habitación?, ¿podía ser esto real? ¿Convendría pellizcar el brazo de Claudia para comprobarlo? Era algo imposible, contrario a todo pronóstico y sin embargo estaba sucediendo.

Claudia se dejó poner el anillo por mis manos temblorosas, lo admiró un momento y delicadamente se acercó para abrazarme; la atajé emocionado. La gente prorrumpió en gritos de júbilo. La banda hizo tronar las gaitas con una canción de bar escocés y, de pronto, la terraza del *Pincio* fue testigo de un memorable e improvisado baile entre desconocidos.

***

Cuando la efervescencia general nos había liberado de la atención ajena, Claudia y yo escapamos al parque de la *Villa Borghese* para dar un paseo a solas. Ella quería hablar.

—Perdón por haber desconfiado de ti, Matteo...

—Gracias *bella*, no es nada.

—Sí, mejor pasamos página. ¿Pero cómo fue que me confundiste con *ella*?

—Ejem... no sé... creo que me equivoqué al ver su pelo rubio, precioso por cierto, digo, casi tan bonito como el castaño tuyo...

—Eh, eh, cuidado con lo que dices...

—Sí, perdona. Claudia, ¡no sabes lo afortunado que me siento contigo!, ¡éste es el mejor día de mi vida! —Levanté la mirada al cielo— Y gracias, *Bambino Gesù*, por haberme presentado a esta chilena sensacional, con ella has superado todas las expectativas de mi imaginación.

—Eso tampoco es mucho decir... digo, tu imaginación no es la más creativa del mundo. Pero entiendo el punto. Yo te quiero también, aunque este amor sólo está comenzando, ¿eh? Vamos, invítame a alguna parte, cualquier lugar siempre que no sea una heladería; tengo toda la tarde.

—¿Y el vuelo?

—Puestos a casarnos, mejor lo hacemos en Italia, ¿no? Mucho más bonito. Lo de mi trabajo en la Universidad, bueno, seguro que en Roma encontraré oportunidades tan interesantes como esa. Mientras tanto, siempre podré pintar por aquí y por allá… ¿qué te parece?

—¡Utópico!

CAPÍTULO 13.

El papel del novio.
(Abadía San Giovanni in Venere)

EL NOVIO esperaba el evento más importante de su vida dentro de la magnífica abadía *"San Giovanni in Venere"*, una construcción medieval situada en lo alto de una colina del *Abruzzo*, con visión panorámica hacia las costas del Adriático. La tarde serena: cielo despejado, temperatura de veintitrés grados y se oía el murmullo del océano.

Quedan diez minutos para el inicio de la ceremonia, Matteo espera de pie debajo del altar, inquieto por una duda que perturba sus entrañas. Está nervioso. Dirige miradas ociosas hacia atrás e intenta distraerse con los coloridos trajes de los invitados, los arreglos florales que decoran el pasillo y los lazos blancos que ciñen los extremos de las bancas. Pero la inquietud persiste.

El sonido templado que emana de la orquesta, el olor a rosas y la luz cálida que se filtra por los altos y estrechos ventanales de esta abadía cisterciense consiguen crear un ambiente casi místico. Sin embargo, Matteo está sufriendo con un dilema existencial, quizá uno de los más insólitos que ha tenido en sus treinta y tantos años de vida: «¿Debo o no debo… salir al baño?».

Puede parecer un problema banal, pero antes de prejuzgar, ponte tú en los zapatos del novio: él piensa: «Lo único que hay disponible es un cubículo pobretón y de gran tristeza higiénica que ofrece el bar del frente para los turistas. Además, a estas alturas sería una vergüenza abandonar mi papel de novio… ¿Voy o no voy?, esta es la cuestión».

Después de media hora de sufrimiento y contando, reconoció que no aguantaba más: era como si su nerviosismo se hubiera sindicalizado en su estómago y estuviera manifestándose con golpes y ruidos. Es más, el sindicato no quería negociar otra postergación de sus demandas y amenazaba con tomarse la justicia por sus propias manos.

Así que Matteo subió los escalones que lo separaban del altar para explicar la situación a don Giorgio, pero lo hizo con tantos rodeos que solo después de varios intentos consiguió hacerle entender el objeto específico de su problema. El sacerdote se mostró comprensivo, e incluso lo acompañó a la sacristía para prestarle un rollo de papel que tenía guardado en la mochila para este tipo de situaciones. Matteo palideció de vergüenza y lo aceptó con gran dificultad, guardándolo discretamente en el bolsillo interior de la chaqueta. Antes de salir pidió a su amigo: «Padre, por favor sea discreto». Don Giorgio asintió reposadamente, pero al cabo de unos minutos, mientras esperaba de pie en el altar, se sintió tan presionado por los ojos curiosos de ciertas tías instaladas en la primera fila que decidió explicar algo por el micrófono: «El novio ha salido al bar, pero vuelve enseguida». No ayudó mucho a tranquilizar al público.

Al llegar a la zona del baño, Matteo se encontró con una fila de diez o doce invitados. Todos lo dejaron pasar, excepto un tipo que en ese momento se jactaba de ser "íntimo de la familia" y que cuando vio al novio pidiéndole permiso para adelantarlo no tuvo inconvenientes en increparlo: «¿Y tú, quién te crees que eres?». Aclararon el asunto entre todos con susurros airados y Matteo quedó primero. Ahí esperó, evitando la mirada de los demás y sufriendo con el cruel murmullo del océano.

Los minutos se sucedían con una densidad espeluznante, hasta que por fin se liberó el cuchitril. Matteo abrió la puerta con un pie, cortó un trozo de papel para envolver los dedos que pusieron pestillo a la puerta, luego rodeó el asiento con dos o tres capas de papel y pasó, por fin, a resolver el conflicto que lo oprimía.

Una vez sentado con el sindicato, se consoló pensando en que al menos no era la novia quien tenía ese problema: «Con un vestido así, esto sí que sería una catástrofe». Y luego de unos segundos con la mente en blanco, recordó algo: «¡La novia!, ¡va a llegar la novia!». Matteo envió una nota de voz a Claudia para pedirle —caso inédito— que se demore *un poco más* en llegar. Con eso casi se tranquiliza, pero se puso otra vez a temblar cuando comprobó que Claudia no se había conectado a su *WhatsApp* desde la noche anterior. Además, él sabía que el conductor no miraría su teléfono, así que solo le quedó acelerar el proceso para adelantar las conclusiones de la negociación.

El padre del novio transportaba a Claudia en su Lancia azul de cuatro puertas, silbando y tarareando canciones. Sin embargo, cuando estaban llegando a la Abadía, Massimo vio correr hacia ellos a su hijo menor y notó que su corazón se aceleraba. Abrió la ventanilla, escuchó la voz agitada de Carlo: «Matteo ha salido a tomar al bar, pero vuelve», y entonces su corazón abrió el galope. Claudia sintió el impulso de llorar, pero se contuvo en atención al maquillaje. Gracias a Dios, Carlo alcanzó a ampliar la información antes de que ocurriera algún desastre, pues añadió en un susurro confidencial: «Calma, Matteo sólo fue al baño». El padre y la novia sintieron entonces un alivio equivalente al que el propio novio estaba experimentando en el otro lugar.

Matteo volvió a su posición en la Iglesia y recuperó su papel de novio con una sonrisa triunfal. En ese momento sonaron los instrumentos de la orquesta, la novia entró en la Abadía del brazo de su propio padre, un hombre alto y apuesto vestido de Oficial de la Armada de Chile (traje azul con galones dorados en las mangas, guantes blancos y sable), y se vio a Claudia avanzar por el pasillo floreado con pasos tan ligeros que parecía levitar dentro de su vestido blanco. La gente se apretó para verla mejor y se extendió por el aire un coro de suspiros. Matteo se dejó embargar por la emoción, dijo que sí a todo y se casó.

Al terminar la Misa, los recién casados se subieron al Lancia para dirigirse al lugar de la celebración. Entonces Claudia comentó a su marido:

—Cariño, te felicito por lo bien que llevaste tu papel.

Matteo le guiñó un ojo, se sintió halagado y para dar cuerda al cumplido respondió:

—¿Por qué lo dices, mi amor?

Ella respondió conteniendo la risa:

—Pues… porque te cuelga como medio metro de papel higiénico por detrás del pantalón.

TERCERA PARTE. (EPÍLOGO)

Ama et quid vis fac (ama y haz lo que quieras). San Agustín, *Homilías sobre la primera carta de San Juan a los Partos. Homilía séptima*, nº 8.

CAPÍTULO 14

Romina.
(Roseto degli Abruzzi)

ALGUNOS años después. La niña había terminado de comer en la cocina. Llevaba varios días mostrando interés por estar en la mesa de los grandes, pero su madre la frenaba: «Todavía no has crecido lo suficiente», le decía.

Fluía la paz de un domingo de verano en *Roseto degli Abruzzi* y Romina salió a jugar en la amplia terraza del apartamento con vistas de último piso. Era un espacio vacío, solo ocupado por un kit de baldes y palas infantiles para jugar en la playa que convalecían en una esquina. Un antiguo regalo de Navidad.

Las glicinias que techaban la terraza celebraban el verano con su perfume. Qué frescos y vivos se veían esos racimos de flores de color azulado, malva y rosa pálido. Romina se sentó en el piso recalentado, a unos dos metros por debajo de las flores y abrió grande los ojos para admirar sus colores. De pronto, se sintió acariciada por un viento que traía aromas del mar y cerró los ojos para disfrutarlo. Quiso llenar sus pequeños pulmones con ese perfume y comenzó a respirar tan hondo como había visto hacer a su madre en clases de Pilates.

Iba en la tercera aspiración cuando empezó ese típico mareo propio del exceso de oxígeno. Se recostó en el suelo, con la precaución de revisar que mamá no estuviera allí para regañarla por estar otra vez ensuciando el vestido. Entonces respiró con más lentitud, como cuando su abuelo toma helados.

Reparó en que a su lado yacían dos abejitas dormidas, que estaban recibiendo la visita de toda una procesión de hormigas. Miró hacia arriba y se percató de que en torno a las flores revoloteaba un enjambre de abejas muy simpáticas. Dedujo que las glicinias habían invitado a su fiesta a decenas o centenares de abejas, que les gustaba saludarse y conversar, pero que dos de ellas habían inflado mucho sus pulmones, se marearon y bajaron para descansar.

Romina se urgió: su familia ignoraba la existencia de esta fiesta y se la estaban perdiendo. Se levantó de un salto y corrió al comedor para avisarles. Cuando se asomó por la puerta, vio que estaban todavía en el postre, cuchareando con gusto unas copas llenas de frambuesas, castañas al jugo y helado de vainilla… Sin duda tenían algo mejor que la paleta de helado de piña que le había tocado a ella. Se enfadó tanto que decidió no compartir con ellos el descubrimiento que había hecho y volvió a la terraza para jugar sola con las abejitas. Se acostó otra vez en el suelo, esta vez sin revisar si la miraban, y comenzó a llorar.

Aunque tenía los ojos nublados, Romina imaginó que su mamá la estaba mirando por el ventanal, pero era tal su decepción que permaneció hecha un ovillo. Escuchó que alguien deslizaba la puerta corredera, así que se restregó los ojos para preparar su defensa. Era mamá, acercándose con una silla de mimbre en la mano. Sin mediar explicaciones, se sentaron, la madre en la silla, la niña en el suelo, frente a frente.

—Espérame aquí —dijo la madre, que se había emocionado con las glicinias y las abejas, recordando aquellas otras abejas labradas en el bronce negro del baldaquino de San Pedro. Dejó a su hija sola un momento y regresó con una copa del postre de los grandes.

—Para ti.

—*¿De verdad?... pues, no l*a quiero.

—*¿Segura?, está rico* —Claudia se desconcertó. Por primera vez veía a su hija guardarse algo. Su instinto la movió a intentar una segunda oferta.

—¿La quieres tomar con nosotros, en el comedor?

Los ojos de Romina se abrieron al máximo y aceptó entonces la copa. Su madre se conmovió:

—A ver, ven, te llevo en brazos, ¡upa!

A mitad de camino devolvió a su hija al suelo.

—Mejor sigue sola, has crecido demasiado.

Todos reunidos, sonrientes y relajados en torno a la mesa ovalada del comedor con vista al mar, celebraban la invitación que habían hecho los abuelos. La familia Ciccione, con Marina y don Giorgio de invitados, descansaban a lo grande. Rena contó una anécdota: el día en que Massimo se pasó la mañana en la playa y volvió mojado y lleno de arena adherida al cuerpo. Ella se había enfadado:

—¿Acaso te crees el hombre playa, parte hombre y parte arena? —le reproché cuando lo vi de pie, goteando en el umbral de la puerta—, ¿qué te has creído?, ¡anda a cambiarte para que pasemos a comer!

Mi gordo me obedeció y una vez sentados, mientras disfrutábamos un vino blanco, *carpaccio* y papas al horno con alcaparras, no me resistí y le hice la pregunta tabú:

—¿Cómo te ha ido con el régimen?

Massimo se encogió de hombros y acompañó su respuesta con una media sonrisa:

—¡Muy bien, la verdad! Aunque de los treinta kilos que me propuse bajar, todavía me quedan treinta y dos».

Todos rieron.

—Por cierto —De pronto, por asociación de ideas, Rena sintió deseos de reprochar otra cosa a su marido—, ¿por qué fuiste tan negligente en nuestra misión de empujar a Matteo hacia el matrimonio?, ¡me dejaste sola!

—Influí más de lo que piensas —Massimo respondió bajando la voz, para que solo le oyese su mujer, y añadió—: ¿Cómo crees que se le ocurre al rector de una buena universidad chilena escribir a Claudia para pedirle trabajo, eh? Ella tiene méritos de sobra, así que mi parte fue menor, ¿entiendes?

—¿Estás diciendo que…

—¡Ja! Por supuesto. Yo se lo pedí. Llamé a Franco, el rector de Milán que nos invitó ese día, ¿te acuerdas?, claro, y él me pasó el contacto… ¿Para qué están los amigos?

—¿Pero, por qué lo hiciste? —Rena lo miró estupefacta.

—Conozco a Matteo y sé que necesitaba un poco de ayuda; de lo contrario todavía estaría pensando si casarse o no. ¡Y tú no estarías gozando a tu primera nieta!

—¡Ay!, gordito, ¡no te puedo creer! ¡Eso no se hace! —exclamó, aún a riesgo de que otros se enterasen de lo que estaban hablando. Pero una sonrisa traicionó su empeño censurador y la emoción de sentirse acompañada la ablandó—. Reconozco que fuiste astuto... ¿Quieres un poquito más de helado, corazón?

Gozaban. Massimo y Rena se rejuvenecían en la presencia de su nieta; Carlo cambió la música por una cumbia y se puso a dar vueltas, danzando como un abejorro borracho e intentando levantar a Marina de la mesa para que le concediese un baile; Matteo y Claudia se tomaron la mano por debajo de la mesa y se miraron sonrientes; y don Giorgio, en la cabecera, jubiloso, levantó su copa para brindar:

—¡Viva la familia *Ciccione*!

—¡Vivan todos los nietos que están por venir! —aportó Rena.

—¡Viva este *gelato*! —añadió Romina.

—¡Viva *Gesù Bambino*! —concluyó Matteo, mirando con cariño eterno a su mujer, Claudia, *su* Claudia, el destino al que lo condujeron todos los caminos.

Apéndice

CAPÍTULO 15.

Cruce de cables.
(Roseto degli Abruzzi)

LOS PADRES de Matteo han aparecido en reiteradas ocasiones a lo largo de la historia. Es el momento de mirar por un momento "tras las bambalinas" de su conspiración.

Desde que Rena conoció a Claudia en ese encuentro fortuito que tuvieron en el pórtico semicircular de la *Chiesa di Santa Maria della Pace*, a una cuadra de *Piazza Navona,* ella quedó con la espina clavada. Hizo sus investigaciones (con Carlo seguramente, porque don Giorgio es una tumba) y a inicios de junio tuvo la idea de invitar a su marido a la playa para intrigar contra su hijo mayor. Lo que ocurrió allí merece ser recordado, no tanto por su trascendencia histórica de lo sucedido como por los delicados asuntos que entonces se cocieron. Las cosas ocurrieron más o menos del siguiente modo:

Llegaron a ver la puesta de sol sin energías siquiera para quejarse, así que apoyaron las manos en la barandilla de la terraza (Rena con alivio y Massimo, en cambio, con incomodidad debido a la resistencia que el metal ofrecía contra su barriga). «¿Cuándo se tragó un zapallo?», pensó ella con súbita inquietud.

Como en otras ocasiones, alquilaron la última planta de un edificio en la pequeña y encantadora ciudad "*Roseto degli Abruzzi*", ubicado casi a pie de playa, entre casas y edificios de media altura que cubren el litoral y las suaves colinas contiguas. Cerraron los ojos y saborearon la brisa salina que relajaba sus lenguas; la respiración de los dos se acompasaba con la del Adriático.

Era un lugar que les encantaba por una antigua tradición familiar. Se miraron con ternura y se dijeron sin palabras que tenían por delante un auspicioso fin de semana playero: Rena soñó con las conversaciones que tendría con su marido sobre la familia y, con más añoranza todavía, sobre '*lo nuestro*'; ¡ah!, ¡qué bien le sonaba esa expresión! Mientras que Massimo, por su parte, sonrió al imaginar las posibilidades de silencio, desconexión y olvido de los problemas: '*la nada!*', ¡ah!, ¡qué fabulosa ocupación!

—¿Has conversado con *Mattiuccio* sobre su situación sentimental? —preguntó ella disimulando su ansiedad para tantear el nivel de interés que tenía su marido por el asunto.

—Tiene más de treinta años, mujer. ¿Tomamos unas copas?

Lo mejor eran las fechas: buen clima y pocos turistas. Esto último es vital para Massimo pues, como fue ministro de Justicia, necesita cierta discreción para poder descansar. Eso dice él. Yo no estoy tan seguro de que eso sea todo... creo que hay más: más que "discreción", él necesita *invisibilidad*.

No es difícil descifrar el misterio. Imagina por un momento que tu apellido se pronuncia "Chichone". Es peculiar, ¿no? Ahora añade al sonido una segunda consideración: su significado. "*Ciccione*" se puede traducir por "gordinflón". ¿Me vas siguiendo? En general, los apellidos consiguen abstraerse de su raíz semántica para evocar en nuestra mente una idea o un rostro familiar, pero el caso de Massimo es distinto, pues... él *es* gordito.

A pesar de todo, Massimo es un jubilado feliz. O lo era hasta que Rena, a la mañana siguiente de llegar a la playa, abrió las cortinas con inusitada energía para despertarlo, saludar al mar y disponerse a ejecutar una idea tan repentina como extraña: que debía ayudar a su marido a adelgazar. Lo más enigmático era el argumento:

—Es que no te preocupas por tus hijos. Que dediques poco tiempo a Carlo lo entiendo, él es un muchacho, le gusta renovar sus intereses y es tan hogareño, pero con Matteo...

—Buenos días, mi reina —Massimo interrumpió a su mujer mientras se estiraba, se incorporó amodorrado y se sentó en el borde de la cama con los pies en el suelo y los codos en los muslos. Entonces se defendió ofreciendo su versión del diagnóstico— Carlo está cerca de cumplir treinta años, no terminó la carrera universitaria y es más independiente que el Yeti; no me vengas con cuentos.

—No lo trates así, que es *tu* hijo.

—También es tuyo.

—Déjame terminar.

Rena se había puesto un vestido celeste sencillo que realzaba su tez blanca con pecas. También ganaba su cabellera anaranjada-rojiza. Y sus cejas encendidas por el sol del *Abruzzo* evocaban las luces de freno de un McLaren.

—Además —siguió diciendo ella—, ese mismo Carlo me contó que Matteo ha salido con una chica: la que nos saludó el otro día a la salida de Misa. Parece que es hija única de un marino viudo, ¿sabías? Por lo que miré en las redes sociales, su padre es Capitán de Navío. Apruebo a la joven, pero nuestro pichoncito está confundido y se mueve menos que la mandíbula de arriba para hacer avanzar su relación.

—¿A qué te refieres?

—A que salió una vez con ella y ya se abrumó.

—Algo es algo.

—Tiene una oportunidad real y la está perdiendo, ¿no entiendes lo que te digo?

—Sí, quizá están dando frutos nuestras indirectas, jeje. Como cualquier hombre, seguramente él sabe lo que tiene que hacer y lo hará: no hace falta recordárselo cada tres meses… ¡Me alegro de que mi hijo esté despertando!, pronto terminará de bostezar y se levantará. Como haré yo ahora, ¡upa! ¿Qué tenemos de desayuno? —preguntó, acercándose a la ventana para mirar el mar— ¡Qué día más estupendo para tomar un desayuno como Dios manda!

Se sentaron a desayunar en una mesita del balcón, ella todavía pensativa y él en pijama, y su mujer hizo al pobre Massimo una propuesta temeraria: comenzar una dieta. ¿Por qué?, difícil saber. Quizá para pedirle que se venciese a sí mismo y así ganara fuerzas para ayudar luego, juntos, a su hijo. En resumen, un cruce de cables. Tampoco hace falta entenderlo todo en la vida…

Lo peor es que se lo planteó mientras Massimo tomaba un sorbo de *caffè* y con la otra mano recogía su *cornetto con crema e amarena*. Primero se atragantó, luego cruzó los brazos y refunfuñó como un niño al que le están obligando a comer brócoli. En este tema él era firme: nunca se había sometido a los dogmas del *fitness* y a esas siutiquerías... por el contrario, se sentía orgulloso de su lealtad a los principios del humanismo y de la buena mesa. Es más, los garzones de sus restaurantes favoritos lo tratan como a uno del gremio (escuché que entre ellos lo apodan "el terror del tiramisú"): cuando Massimo se sienta en una mesa bien servida, sus mejillas se encienden, sus labios de color cereza se suavizan y su respiración adopta un ritmo como de oso en hibernación. Podríamos decir que la mesa es su hábitat natural: no es posible sacarlo de ahí sin desequilibrar el ecosistema.

La playa les parecía un lugar idóneo para reconectar con lo más elemental de la naturaleza y recomponerse. Por eso era tan violenta la idea de su mujer. Además, esta vez ella venía preparada con argumentos del nutricionista. En lugar de iniciar una discusión, exigió a su marido que diera un paseo para que evaluara su propuesta de *dieta* (solo con escuchar la palabra, Massimo sintió un estremecimiento similar al que se siente cuando muerdes un limón), y lo amenazó diciendo que si no lo hacía —cuidado— serviría espárragos en lugar de postre rico... de ahí en adelante, hasta que la muerte los separe.

—¿Espárragos? —preguntó él como si no terminara de creerlo.

—Espárragos.

—¿Confitados?

—No es gracioso.

Massimo farfulló algo, pero su mujer le tapó la boca con el dedo y lo hizo salir por la puerta corredera de la terraza como perro castigado.

—No me echas, justo quería salir —acotó, como buen milanés, para regatear un poco el honor que estaba perdiendo.

Massimo se preparó sin demasiada prisa y salió a la calle vistiendo un bañador floreado, una camiseta naranja holgada y gafas de sol con marcos amplios que le daban un aire de librepensador americano. Llegó a la playa, se quitó las sandalias y mejoró su humor cuando sus pies entraron en contacto con la arena cuajada por olas tranquilas. Se sintió caminando sobre un postre de merengue-castañas, como el que solía pedir en el día de su cumpleaños. Eso lo reconfortó. El día estaba delicioso, pero su lucha interior contra la propuesta de su mujer lo perseguía como una nube negra.

«Si he convivido de lo más bien con mi cuerpo durante sesenta y ocho años —pensaba con justicia—, ¿por qué razón habría de traicionarlo ahora? Mi figura impone respeto, es adecuada a mi posición y me da fuerza. Masa por velocidad, ¡eso es fuerza!, ¿y Rena quiere que pierda masa? ¡No es razonable! Además, así como las mujeres consiguen maravillas con la cosmética, yo alcanzo resultados equivalentes con la elegancia en el vestir: uso trajes de sastre, tengo corbatas de seda y mi reloj es de *Via Condotti*. Me duele que Rena no valore mis esfuerzos».

Cuando regresó al apartamento, Massimo estaba más tranquilo. Se sorprendió de que su mujer no le preguntara por sus reflexiones y tuvo incluso la ingenuidad de pensar que se había olvidado del chantaje que había puesto en marcha contra él. Sintió un impulso de magnanimidad y quiso ayudar a su mujer en la cocina, así que se preparó a sí mismo el antipasto que le acompañaría durante la hora de espera antes del *pranzo*. El resto de la tarde fue apacible.

Domingo por la mañana: sol, brisa y graznidos de gaviotas los invitaban a salir, así que Massimo y su mujer bajaron entusiasmados a la playa. El tema permanecía suspendido (¿o terminado?). Abrieron una sombrilla, desplegaron las sillas, extendieron las toallas y dejaron a buen resguardo la cesta con bebidas. El exministro comprobó que había poca gente en los alrededores y empezó a disfrutar. Se sentó en su fiel (y heroica) silla de tela, se liberó de su camiseta sin siquiera mirar a los lados y decidió que ese día dejaría que el sol lo tostase un poco. Incluso juzgó que podría estrenar su traje de baño florido en el mar.

Rena vio a su marido descansar y le pasó una lata de Coca-Cola a la que había pintado de negro la palabra *'light'* hasta camuflarla. Él la bebió en tres tragos sin reparar en el engaño. Ella también estaba contenta: sentía la respiración infinita del mar y disfrutaba con la presencia desenmascarada de su marido. En sus cuarenta y cinco años de matrimonio siempre había podido manifestarle con éxito su cariño, pues le gustaba cocinar y a él le gustaba catar lo que cocinaba… Pero ahora estaba decidida a ayudarle para que bajara de peso, pues, de acuerdo con su razonamiento complejo, veía una relación entre ese esfuerzo y el de sumar a su marido en la campaña de ayudar a su hijo a casarse (¿será que la barriga de su marido le evocaba al nieto que aún no tenía?). En cualquier caso, ella lo necesitaba más cerca de sus hijos y sabía que un fin de semana en la playa era la ocasión más oportuna para comprometerlo en un proyecto de esa envergadura.

Llevaban un buen rato nutriéndose con vitamina D, cuando Massimo decidió levantarse y caminar hacia el mar para probar el agua. Quería mostrarse juvenil frente a su mujer y demostrar que valoraba el ejercicio físico como un medio saludable para abrir el apetito.

En el camino por la arena, pasó por debajo de la silla del socorrista y descubrió en ella a otro agradecido de los bienes de la vida: era un hombre que sostenía una cerveza Peroni helada sobre su barriga-mesa y llevaba unos anteojos de sol que disimulaban su contemplación de los párpados por dentro. Massimo lo juzgó como un alma buena, pero necesitada de mayor dignidad para animar ese cuerpo fuerte. Es más, lo imaginó sentado en esa silla todo el año, excepto en los meses en que vienen los veraneantes y hay riesgo de trabajar. Lo despertó con un silbido y lo saludó abriendo los brazos, sin dejar de caminar, como un explorador audaz, triunfante, que avanza hacia el horizonte.

Massimo usó el dedo (más) gordo del pie como termómetro del agua y dudó. Imaginó los ojos de su mujer sobre su espalda y eso le impidió volver a su silla, así que avanzó con pasos de pingüino sobre el mar hasta encontrar cierta profundidad. Cuando el agua le cubrió los hombros, se inclinó hacia adelante, pataleó un poco y flotó como una boya o, por ser más respetuosos con él, como un delfín (en reposo).

Al cabo de unos diez minutos de vida marina, Massimo casi se aclimató. Pero de pronto sintió un mareo, los músculos le fallaban, un dolor repentino recorrió su cuerpo y, ¡ay!, ¿qué es este calambre que me agarrota las piernas y el pecho? Gracias a Dios, alcanzó a dar un grito antes de hundirse.

Soñó con un parque acuático: había heladerías en cada esquina, toboganes, una multitud de garzones paseando con bandejas de colores; divisó un puesto dedicado al tiramisú, más allá una piscina de chocolate con olas artificiales que le hizo brillar los labios. Su sonrisa crecía y crecía. Una avioneta sobrevoló la zona arrastrando un cartel largo: *"Come feliz, aquí nada engorda"*. Sí, era evidente, Massimo había llegado al cielo. Pero justo en ese momento el salvavidas lo terminó de reanimar con un pesado golpe de puño en el pecho.

Massimo recuperó la respiración con una tos violenta y abrió los ojos: estaba recostado en la orilla, algunos curiosos le hacían sombra, su mujer le abanicaba el rostro con un plato plástico a toda velocidad, y él no dejaba de preguntarse por qué diantres había dado el grito de alarma antes de ahogarse.

Pero este suceso le hizo reflexionar.

Por la tarde, mientras preparaban las maletas para regresar a la ciudad, la tensión y la melancolía esparcían su aroma por la habitación. De pronto Rena se detuvo, tomó la mano de su marido y lo miró con ojos de niña audaz.

—Gordito... ¿y qué has pensado de la propuesta que te hice? Sé que es difícil, pero es importante.

Massimo se sintió asaltado por la espalda, se había engañado pensando que su casi muerte lo iba a eximir del temita éste, de esa palabra que le resultaba más molesta que pestaña en el ojo... pero comprobó una vez más que aún después de tantos años juntos, no terminaba de comprender a su mujer.

Ay, Rena, a veces era un peluche de azúcar, pero otras un tanque alemán.

—Cariño, no sé qué decirte. ¿Quién te metió esas ideas en la cabeza? Claro que no puedo cambiar mi estilo de vida, no a estas alturas de mi biografía. No me mires así, que cuando pones esos ojos me incomodas... Hum, veo que estás dispuesta a discutir. Mira, hagamos una cosa: puedo dar un primer paso. ¿Qué tal este plan?: desayunar como rey, porque ahí no podemos jugar, comenzar bien el día es fundamental, ¡vital!...

—Ya. No te alargues, ¿qué más?

—Luego comer como rey, pues se trata de energía necesaria para trabajar. En la cena...

—¿Ahí como mendigo?

—No, no, no te apures. Ceno también como rey.

—¿Y dónde está la dieta?

—¡Ajá!, me vas entendiendo. ¡La dieta está en la merienda! Ahí estoy dispuesto, los días de semana impares, excepto el lunes, que son más cansadores, a merendar como príncipe... ¿qué tal?... ¿no te convence, eh?, pero piensa, ¿qué cambio es exitoso si no es gradual?

Discutieron, el tema se prolongó durante el viaje y cuando llegaron a su habitación en Roma y deshacían las maletas, cerraron un pacto. La merienda de los días de semana sería de mendigo. Excepto lunes y festivos.

Lo importante, en todo caso, es que cuando llegaron a Roma, él había entendido un poco mejor el fondo de la cuestión; lo que importaba a su mujer era algo bien distinto de la dieta, algo mucho más difícil: por eso él prefirió embarcarse con la dieta.

Pero luego le entró el cargo de conciencia y se dispuso a echar una mano también en el otro asunto.

—Por cierto, Rena, ¿has pensado que nuestros hijos necesitan nuestra ayuda? Considerando que han pasado más de tres meses desde que Matteo y Claudia se vieron en *Piazza Navona*, lo que nuestro hijo necesita es un poco de presión... Por si te interesa saberlo, tengo una idea al respecto.

—¿De verdad? ¡Me alegro que quieras participar! —lo interrumpió ella, sarcástica respecto del empeño de su marido, aunque contenta por su perspicacia—. Gracias, pero, de momento, es mejor que te concentres en la die... perdón, en cumplir nuestro acuerdo; ya me encargaré yo de hacer algunas gestiones para acercar a los tortolitos.

Agradecimientos

Una pequeña multitud de personas me ha ayudado a dar vida a esta *novella*. Podría mencionarlos uno a uno, como mis hermanos Agustín, María Eugenia, Sofía y Sara, a los que seguramente aburrí de muerte con el primer borrador de este proyecto; o mis amigos Gustavo Milano, Adolfo Ochagavía, Rubén Rodríguez, Alfonso Herreros, Trini Ariztía, David Samudio, Guille Celaya, Carlos Veci y Cris Frutos, María Muñoz, Andrés Jiménez, Ignacio Infante, Ricardo Aravena y Karina Piña, Francisco Gil Serrano, Ramón Fernández, Vincenzo Affinita y Yuri Notturni, que fueron muy generosos con sus sugerencias. También valoré mucho el tiempo, críticas u orientación de amigos literatos como Cristián Sahli, Javier Marrodán, Lucía Martínez Alcalde, Carlos Piana, Higinio Marín Cánovas, Santiago de Navascués o José Ramón Ayllón.

Y mi más cálido agradecimiento lo dirijo a Dios y a ti.

Últimos títulos publicados

(www.editorialdidaskalos.org)

Suscríbase en nuestra web para recibir las mejores promociones

Didaskalos Literatura

14 HASTA QUE EL DIABLO DESCANSE
Pablo Martínez de Anguita

12 LA CONVERSIÓN DE DON JUAN
Tragedia en tres actos
Fabrice Hadjadj

11 LOS AMIGOS DE LOLEK
Gian Franco Svidercoschi

10 PERSONA
Del yo al Tú
Javier Barraca Mairal

Didaskalos

91 LA ESPERANZA DEL FUTURO AL FRUTO
José Granados

90 LA PROMESA, FORMA DEL AMOR
Juan de Dios Larrú

89 A SOLAS CON EL SEÑOR
Antonio Orbe

88   JESÚS, LA BUENA NOTICIA
     Klemens Stock

87   PADRES, HIJOS Y, SOBRE TODO, HERMANOS
     Notas sobre el ministerio presbiteral
     Gabriel Richi Alberti

86   AGENDA 2033 NUEVA Y ETERNA
     Eduardo Granados

85   LA CANTATA AL AMOR
     Blaise Arminjon

84   GUÍA PARA CRISTIANOS QUE BUSCAN LA VERDAD
     Ralph Weimann

83   BAUTISMO, SU PASCUA EN NOSOTROS
     ¿Puede hoy renacer lo humano?
         José Granados 82   JESÚS, EL HIJO DE DIOS
     Meditaciones sobre el Evangelio de san Juan
         Klemens Stock 81   EL PODER DE LA PROMESA
     Guía para un amor activo y para toda la vida
         Scott M. Stanley

80   SERÁS UN HOMBRE
     La virilidad como promesa
     Martin Steffens

79   AUTORIDAD. EL ORIGEN QUE NOS HACE CRECER
     Juan Antonio Granados, Luis Granados

78   CUARESMA
     Viaje al fondo de la carne
     José Granados

77   EUCARISTÍA
     Manantial de concordia
     José Granados

76   EL DISCIPULADO EN EL NUEVO TESTAMENTO
     Reflexiones bíblicas y espirituales
     Paolo Mascilongo

75 LA TIERRA DE LOS VIVOS
    Una teología de las realidades últimas
    James T. O'Connor

74 CRUCE DE MIRADAS
    Meditaciones evangélicas
    Gabriel Richi Alberti

73 DE LA CENIZA AL AGUA
    Meditaciones sobre la Cuaresma
    Luis Granados

72 ¿QUÉ BIEN COMÚN?
    La comunidad en acción
    Luis Granados, Ignacio de Ribera

Colección *Wojtyla*

4   JEREMÍAS
    Karol Józef Wojtyla

3   JOB
    Karol Józef Wojtyla

Veritas Amoris

1   LA VERDAD DEL AMOR
    Herencia y proyecto
    J. Granados, L. Melina

Colección *San Francisco de Sales*

5   MES DEL SAGRADO CORAZÓN DE JESÚS
    Hermana María del Sagrado Corazón Bernaud, VSM

4   SAN FRANCISCO DE SALES
    Milagros y curaciones
    San Francisco de Sales

Fuera de colección

1   LA ESPERANZA, ANCLA Y ESTRELLA
    En torno a la encíclica *Spe Salvi*
    José Noriega, José Granados García (coed.)

Didaskalos minor

Cor ad Cor

7   DE BRAZO EN BRAZO
     Francisco Vidal

6   CON LOS PIES EN LA LUNA
     Francisco Vidal

5   DEL DESIERTO AL JARDÍN
     El camino de la Pascua
     Francisco Vidal

Colección *Adán y Eva*

5   DIARIOS DE ADÁN Y EVA
     Mark Twain

4   ADÁN Y EVA EN EL ANTIGUO TESTAMENTO
     Y EN LA TRADICIÓN HEBREA
     Carlos Granados

Didaskalos Pedagogía

11   CINCO PREGUNTAS BÁSICAS PARA EDUCAR...
     Y GUÍA DE RESPUESTAS E IDEAS CLAVE
     M.ª Teresa Granados Galainena

10   EDUCAR LA MIRADA
     Para contemplar la belleza e interpretar el relato
     J.J. Pérez-Soba y J.A. Granados

9   UN MODO CREATIVO DE EDUCAR
     Cómo lograr una formación integral
     Alfonso López Quintás

8   EDUCAR, SE DEBE, PERO ¿SE PUEDE?
     Giuseppe Angelini

Didaskalos Profamilia

7   ENGENDRAR UN HIJO
Pierpaolo Donati

6   LA AVENTURA DE SER PADRE
O LA ESPERANZA DE SER SORPRENDIDO
John McCarthy

5   LA FAMILIA, ARCA DE LA MISERICORDIA
José Granados

4   PLURALIDAD DE MODELOS DE FAMILIA
¿Expresiones imperfectas de un mismo ideal?
Stephan Kampowski

Colección *Grandes Palabras*

2   LA ODISEA DE LA AUTORIDAD
La vocación y tarea del maestro
Verónica Fernández e Ignacio de Ribera

1   FLORECER
Daniel Capó - Carlos Granados

Colección *Escuela de la palabra*

10   EL APOCALIPSIS DE JUAN
El fin y la consolación
Salvador Villota Herrero, O. Carm.

Didaskalos Infantil

5   EL CAPITÁN CHOCOLATE
Cristián Sahli Lecaros

4   PERSONAJES DEL PESEBRE
Cristián Sahli Lecaros